**Gebrauchsanweisung
für den Harz**

Jana Thiele

Gebrauchsanweisung für den Harz

Piper München Zürich

Mehr über unsere Autoren und Bücher:
www.piper.de

ISBN 978-3-492-27622-1
© Piper Verlag GmbH, München 2014
Karte: cartomedia, Karlsruhe
Satz: le-tex publishing services GmbH, Leipzig
FSC-Papier: Munken Premium von Arctic Paper
Munkedals AB, Schweden
Druck und Bindung: CPI books GmbH, Leck
Printed in Germany

»Vielleicht ist das Glück näher, als du denkst,
und hängt im Harz an irgendeiner Klippe.«

Theodor Fontane, »Cécile«

Inhalt

Annäherung	11
Die Waldhütte	15
Auf den Bergen: Der Brocken	19
Deutschsein, Romantischsein, auf der Höh' und in der Höhle sein	28
Fachwerk und Kunstwerk I: Goslar	33
Im Inneren der Berge	42
Die Waldhütte im Frühling	56
George Clooney war hier	61
Fachwerk und Kunstwerk II: Quedlinburg	67
Am nordöstlichen Harzrand entlang	77
Durchs Selketal: Mägdesprung, Alexisbad	88
Harzer Schmalspurbahnen	93
Sommer in der Waldhütte	96
Naturerlebnis im Nationalpark Harz	103
Bodetal und Thale	110
Hochzeiten, Hexen, Brockensplitter: Wernigerode	117

Wo die V2 gebaut wurden:	
KZ Mittelbau-Dora	**122**
Kost the Ost: Nordhausen	**125**
FKK mit Kafka	**129**
Der Karstwanderweg	**132**
In den Klöstern: Kloster Walkenried	
und Kloster Michaelstein	**140**
Feucht- und Heißgebiete: Das	
Wasserregal gibt's nicht bei IKEA	**143**
Thermen und Moore: Turismo o muerte	**147**
Stolberg und Josephskreuz	**152**
Kyffhäuser und Tübkes Panorama Museum	**158**
Die größte, die kleinste und die	
wunderlichste Holzkirche	**165**
Wild at Harz: Raubtiere	**168**
Peitschenknallen und Birkenblattblasen:	
Brauchtum und Eigenart	**172**
Es wird Herbst da draußen	**179**
Gärten und Parks	**182**
Kalter Krieg und Grünes Band	**189**
Im Kurschatten: Bad Harzburg	**194**
Zum Nutzen des Harzes: Osterode	**199**
Ein Mammut und ein Theatertier:	
Sangerhausen	**203**
Samson, Harzer Roller, Hillebille:	
St. Andreasberg	**207**
Winter – Ski und Rodel gut: Schierke,	
Friedrichsbrunn, Braunlage	**213**

Annäherung

Nähert man sich dem Harz von Osten, wird man am Wegesrand mit dem Schild begrüßt, dessen Wahlspruch sich das Land Sachsen-Anhalt selbst ausgesucht hat. Man wird willkommen geheißen im »Land der Frühaufsteher«. Warum das ein positives Kriterium sein soll und weshalb die Offiziellen sich dafür entschieden haben, ausgerechnet damit zu werben, habe ich noch nie verstanden. Diese Benennung geht zurück auf eine Untersuchung, die zeigte, dass die Einwohner hier ein paar Minuten früher aufstehen als in anderen Bundesländern. Die Autobahnschilder sind natürlich zu klein, um den Grund dafür zu nennen. Einen ersten Hinweis bieten die ramponierten Industrieanlagen vom Ende des 19. Jahrhunderts, die in den Kleinstädten fensterlos auf die Freizeitlandschaften des 21. Jahrhunderts blicken. Es gibt nicht genügend Arbeitsplätze, und viele Ost-Harzer pendeln längere Strecken gen Westen, um sich ihre Brötchen zu verdienen. Sie sind dadurch einfach gezwungen, früher aufzustehen.

Das Zauberwort der strukturschwachen Gegend heißt Tourismus. Das wurde glücklicherweise auch erkannt, und so gibt es seit 1993 eine »Straße der Romanik«, die zu achtzig romanischen Baudenkmälern in Sachsen-Anhalt führt, von denen sich etliche im Harz und seiner unmittelbaren Umgebung befinden. Ebenso wichtig war die Aufnahme zweier Stätten in die Liste des UNESCO-Weltkulturerbes: zum einen 1992 die Altstadt von Goslar und das Bergwerk Rammelsberg; dieser Eintrag wurde 2010 noch erweitert durch die Oberharzer Wasserwirtschaft, das Kloster Walkenried und das historische Bergwerk Grube Samson. Und zum anderen die Stiftskirche, das Schloss und die Altstadt von Quedlinburg, die 1994 von der UNESCO als weltkulturell bedeutsam anerkannt wurden. Was dem Uneingeweihten wie ein ziemlich willkürliches Konglomerat erscheint, gibt einen ersten Einblick in die Vielfalt der Sehens- und Merkwürdigkeiten dieser Region.

Zu dem reichen kulturellen Erbe gesellt sich außerdem das Naturerbe des Nationalparks, der wie ein grünes Herz in Deutschlands Rumpf sitzt. Während der jüngsten Vergangenheit waren die beiden Herzkammern bekanntlich von einer stark bewehrten Mauer getrennt. Nur mehr museale Reste dieser Trennung sind zu besichtigen, und der Besucher kann sich heutzutage am gleichmäßigen Schlagrhythmus der beiden Kammern freuen. Die einstige militärische Sperrzone entpuppte sich sogar als Segen für die Natur, die sich entlang des Grünen Bandes, an dem sich nun entlangwandern lässt, beinahe ungestört entwickeln konnte.

Der Harz ist an seinen Rändern rundherum besiedelt, im eigentlichen Gebirge gibt es nur wenige größere Orte. Viele Harzer Ortsnamen enden auf –rode, und so erfährt man schon einiges über ihren Ursprung: Zunächst musste der Wald gerodet werden, damit sich die Bewohner ansiedeln konnten. Die meisten Ortschaften sind seit dem 10. oder 11. Jahrhundert urkundlich belegt, sodass man sich diese Zeit als frühe Harzer Gründerzeit vorstellen darf. Das Harzgebiet liegt heute über drei Bundesländer verteilt: Niedersachsen im Westen, Sachsen-Anhalt im Osten, und ein südlicher Zipfel reicht bis nach Thüringen. Die zentrale Lage in Deutschland bedeutet auch, dass man sich aus jeder Ecke Deutschlands (ausgenommen unsere Freunde im süddeutschen Raum) in maximal drei Stunden in den Harz begeben kann. Über die Verkehrsknotenpunkte Göttingen, Braunschweig, Halle und Magdeburg reist man mit der Bahn gut dorthin. Die Bahnstrecken führen an den Harzrändern entlang, und für den innerharzlichen Transport sorgen die Harzer Schmalspurbahnen und zahlreiche Busse, die praktisch jeden Winkel erschließen. Man kann für ein Wochenende herkommen, sollte aber, wenn es geht, mehr Zeit einplanen. Denn der Weg und die Zeit lohnen sich, obwohl es auf den ersten Blick nicht wie ein touristisches Glamourgirl aussieht, was da lockt. Ohne ein bisschen Muße und Interesse wird man sich nicht anfreunden – denn, ja: Die Alpen sind viel gewaltiger, die Sächsische Schweiz hat pittoreskere Felsformationen. Und doch gibt es hier etwas, das einen wiederkehren lässt.

Das östliche Harzvorland ist landschaftlich unspektakulär, leicht hügelig und von Feldern, Obstgärten und Wiesen geprägt. Die Dörfer haben teilweise ihre mittelalterliche Struktur erhalten, auch wenn die Namensschilder auf eine jüngere Vergangenheit hinweisen: Hier wird die zentrale Karl-Marx-Straße oft noch von der Ernst-Thälmann-Straße gekreuzt, Rudolf Breitscheid trifft auf Clara Zetkin. Diese Straßen säumt mancher schöne Bauernhof, an dessen Fachwerkwänden große bunte Zielscheiben vom Bewohner, einem aktuellen oder vergangenen Schützenkönig, künden. Wenn man nicht sowieso schon mit der Regionalbahn oder wandernd unterwegs ist, nimmt man reflexartig den Fuß vom Gaspedal, weil die beschauliche Gegend einen entschleunigenden Einfluss hat. Die Uhren ticken langsamer, Hektiker sind kaum anzutreffen, man kann aufatmen in der provinziellen Geruhsamkeit. Es braucht ein bisschen Vorstellungskraft, um zu glauben, dass vor tausend Jahren hier die Geschicke der deutschen Geschichte bestimmt wurden. Die steinernen Zeugen dieser Epoche sind glücklicherweise in großer Zahl vorhanden, gut erhalten und helfen der eigenen Vorstellungskraft auf die Sprünge. Und so kann es dem Harzreisenden passieren, dass er nach einer Fahrt durch mittelalterliche Fachwerkstraßen und Nachkriegsreihenhäuschen plötzlich und unvermittelt vor einem romanischen oder barocken Meisterwerk steht. Das ist dann der Moment, in dem man in Liebe entflammt. Zugegeben, vielleicht ist es eine Liebe auf den zweiten Blick. In irgendeinem Winkel, der vielleicht nicht mal im Reiseführer steht oder nur mit einem Dreizeiler der Vollständigkeit halber erwähnt wurde, schlägt das Herz des Entdeckerfreudigen höher. Denn abgesehen von wenigen touristischen Brennpunkten, die neben den Schönheiten leider auch mit den üblichen Scheußlichkeiten aufwarten, die Besucher mit gut gefülltem Geldbeutel nach sich ziehen, ist noch nicht alles zu Tode besucht.

Die Waldhütte

Mein ältester Freund rief mich an, Bekannte von Bekannten hätten eine Hütte im Harz abzugeben. Sie wohnten in Quedlinburg, und in einem Städtchen, sechs Kilometer von ihrem Zuhause entfernt, nutzten sie jahrzehntelang dieses Wochenendhäuschen, das sie nun loswerden wollten. Wir sollten die günstige Gelegenheit ergreifen und es ihnen abkaufen. Nicht, dass das jetzt mein tiefster Herzenswunsch gewesen wäre. Ehrlich gesagt, dachte ich zunächst an eine spießige Idylle unter Apfelbäumchen mit Hollywoodschaukel oder anderen grauslichen Gartenmöbeln. War es schon so weit? Würde ich demnächst sonntags unterm Sonnenschirm im Radio die volkstümliche Hitparade anhören? Andererseits hatte sich ja, zumindest in Berlin, längst eine Umwertung vollzogen: *Urban gardening* lag voll im Trend. Die Gartensparten hatten lange Wartelisten, und es wurden immense Ablösesummen für windschiefe Lauben und Schuppen zwischen Bahngleisen verlangt. Aber Herdentier wollte ich eigentlich nie sein, und überdies konnte man dieses Harzer Nest nun wirklich nicht mehr als urban ausgeben. Wenn überhaupt, würde man hier nur *rural gardening* machen können. Außerdem war ich in den letzten paar Jahren öfter in den Harz gefahren, um zu wandern. Dabei war mir nicht entgangen, dass es neben den Wäldern und den Wanderwegen auch das eine oder andere schöne Städtchen gab. Eigentlich konnte man hier an jeder Ecke etwas entdecken. Und ansehen ist ja noch nicht gekauft. Wir fuhren also hin.

Oberhalb des Ortes liegt ein Forstweg, in den wir einbogen. Eine lange Reihe von Häuschen und Hütten ist direkt an einen bewaldeten Berghang gebaut. Einige sind bewohnt, einige stehen seit Jahrzehnten leer, die meisten werden aber offensichtlich als Sommerhäuschen genutzt. Im Osten hieß so ein Refugium Datsche.

Es war Ende März, und wir stapften durch hüfthohen Schnee. Die Besitzer der Hütte hatten die Treppen freigeschaufelt, damit man überhaupt hinaufkam. Der Winter war noch einmal richtig zurückgekommen und hatte in den Gebirgen Neuschneemassen hinterlassen. Mein Freund versank mit seinen portugiesischen Wildleder-City-Slippern im Schnee, schaute aber fachmännisch und erkundigte sich bei den Besitzern nach der Dachkonstruktion. Das sei alles völlig intakt. Hinter dem Zaun begann gleich der Wald. Und am Ende der Straße ist sogar ein See, sagten sie. Momentan interessierte mich nur, ob es einen Ofen gab. Ja, sogar zwei Stück, alte DDR-Modelle, wie überhaupt die ganze Hütte ein kleines DDR-Museum zu sein schien. Die Gartenstühle, die verrostet aus dem Schnee ragten, die bunten Sessel und der Schrank, das Mitropa-Kaffeeservice, das Besteck aus Aluminium, alles war dem Zeitraum 1960–1975 zuzuordnen und auf dem Berliner Arkonaplatz-Flohmarkt wäre man die Inneneinrichtung in zwei Stunden an schwäbische Studentinnen losgeworden.

Im Untergeschoss, in dem es wie in einem Keller roch, standen auf dem Wandregal unter dem Sicherungskasten zwei Einweckgläser mit Süßkirschen. Auch sie gehörten zur Ausstattung, die die jetzigen Besitzer von ihrem Vorbesitzer übernommen hatten. »Zu verbrauchen bis 1980« stand auf dem Etikett. Wir würden sie wohl auch da stehen lassen, schon aus Achtung vor der Historie. Irgendwann ist eben der Zeitpunkt gekommen, an dem ein Ding nicht mehr Müll, sondern Museumsstück ist.

Was gab es da noch zu überlegen? Wir kauften die Hütte und fuhren wieder nach Berlin. Man braucht für die Strecke ungefähr zweieinhalb Stunden. Wir hatten also genügend Zeit, im Geiste die notwendigen Umgestaltungen vorzunehmen. Zunächst stellten wir aber fest, dass wir uns alt vorkamen; eine Datsche war schließlich etwas, was die eigenen Eltern oder die von Freunden besaßen, nicht wir. Nun ist mein Freund bereits Vater von zwei gerade erwachsenen Töchtern und einem nachzügelnden Sohn und hat demzufolge schon lange kein Problem mehr mit dem Rollenwechsel. Ich beschloss, mich ebenso dran zu gewöhnen. Das nächste Thema war die etwas ungünstige Hanglage. Ich hatte schon viele Dokumentationen vor allem über südostasiatische Völker gesehen, die sich nicht weiter von den heimischen Gebirgen beeindrucken ließen und mittels Terrassierung auch den unmöglichsten Lagen Fruchtbares abrangen. Ähnliches schwebte mir vor. Ich hatte keine Ahnung, was mich erwartete. Aber noch hatte ich es mir im Autositz gemütlich gemacht.

Man sagt zwar immer, die DDR sei ein Leseland gewesen, aber mit mindestens gleicher Berechtigung kann man sagen, dass die DDR ein Bastelland war. Es gab noch keine Baumärkte, fast jedes Material und etliche Werkzeuge mussten irgendwie aus den volkseigenen Betrieben oder über dubiose Kanäle organisiert werden. Gerade das forderte die »Kreativität« der Leute heraus. Es gab eine Beschaffungskreativität und eine angewandte Kreativität. Diese spezielle Lage mündete ganz regelmäßig in Exzesse. Mit einem solchen hatten wir es zweifellos in der Hütte zu tun. Jeder Zentimeter des Innenraums war mit Paneelen verkleidet. Der Hauptraum war sowieso nicht besonders groß, und durch die Verkleidung, die rundum lief und auch die Decke umfasste, bekam er etwas leicht Erdrückendes. Wir überlegten, ob sich der Eindruck vielleicht mit einem Anstrich mildern ließe, kamen aber letztlich zu dem Resultat: »Die Decke muss weg.«

Als wir Wochen später diese Aktion in Angriff nahmen, musste ich ganz spontan an die eigentlich über alle Fährnisse hinweg tragende Lebensweisheit »never touch a running system« denken. Uns kam nämlich ein Regen aus Staub, Ruß und Spinnweben entgegen, der uns erst einmal eine Woche mit Saubermachen beschäftigte. Jetzt erkannte ich auch den wahren Nutzen einer Wochenenddatsche. Für manche besteht er vielleicht darin, sie in jeder freien Minute zuzubasteln und die Heimwerkermärkte vor dem Ruin zu retten beziehungsweise die schon ruinierten von ihren Restposten zu erlösen. In Wirklichkeit besteht der Sinn aber darin, aus seiner Stadtwohnung dorthin zu fahren, die frische Luft zu atmen, die Natur zu beobachten und die Umgebung auf das Genaueste zu erkunden. Wozu steht denn sonst eine Hütte so am Waldrand herum? Das Schöne an der Hütte ist ja außerdem, dass man die Tür auch von außen schließen und sich von dort auf den Weg machen kann.

Auf den Bergen: Der Brocken

Ruft man die Seite des Deutschen Wetterdienstes (www.dwd.de) auf, liegt ziemlich genau in der Mitte Deutschlands der Brocken, der höchste Berg des nördlichsten Mittelgebirges. Häufig ist der Brocken mit einem kleinen Warndreieck gekennzeichnet und nicht selten ist dieses rot. Über anderen Regionen Deutschlands sind kleine Wolken oder eine kleine Sonne zu sehen. Hier oben aber bläst fast immer ein Wind, und ob der in Böen kommt oder eher orkanartig auftritt, geben die Warnfarben (gelb, orange, rot) an. Selbstredend steht neben diesem Zeichen oft die niedrigste Temperatur in ganz Deutschland, abgesehen vom Alpengebiet. Die mittlere Jahrestemperatur beträgt 2,9 Grad Celsius, als Spitzengeschwindigkeit wurden 263 km/h gemessen. Im statistischen Mittel liegt der Brocken an 306 Tagen im Jahr im Nebel, an 176 Tagen weist er eine Schneedecke auf. Seit 1895 befindet sich auf dem Brocken eine meteorologische Messstation, die all diese Daten zuverlässig aufzeichnet. Genauer genommen ist es vor allem Herr Nitschke, der das tut, und dies seit 33 Jahren. Sein Charme soll so rau sein wie das Wetter extrem, was eine Journalistin sinnigerweise dazu veranlasste, ihn als »harten Brocken« zu bezeichnen. Da kann ich ihm als tröstende Worte eigentlich nur mitgeben, dass er wenigstens nicht »Urgestein« genannt wurde. Auch wenn er das ist, denn schon seine Eltern waren als Brockenwetterwarte tätig und nahmen ihn als Kleinkind mit zu ihrer windigen Arbeitsstelle, was offensichtlich prägend wirkte.

Die exponierte Lage als erste bemerkenswerte Erhebung im Norden Deutschlands hat außerdem zur Folge, dass die gerade mal 1142 Meter über dem Meer sich wie die Alpen auf 2000 Metern anfühlen. Die Bäume haben aufgehört zu wachsen und machen den Brocken kahlköpfig. Manche Wetterkundler meinen, dass die Bedingungen hier mit denen auf Island vergleichbar sind. So richtig gemütlich ist es also nicht. Trotzdem hat der Brocken eine große Anziehungskraft auf Besucher. Viele nähern sich dem Gipfel über den Goetheweg, der von Westen her von Torfhaus auf den Gipfel verläuft. Am Beginn dieses Weges informiert ein Nationalpark-Besucherzentrum den heutigen Gast über Flora, Fauna und Geologie der Region. Der Weg ist nach seinem berühmten Bewanderer benannt, der sich mit einem Förster im Dezember 1777 zum ersten Mal aufmachte, einen Schauplatz seines »Faust« zu inspizieren. Der Dichter musste seinen Guide erst von dem Vorhaben überzeugen, denn es gab noch keinen Weg, und eine Besteigung im Winter versprach eigentlich nur Beschwerliches, wenn nicht gar Gefährliches. Jedes Jahr in der Nacht zum 1. Mai, der Walpurgisnacht, sollen sich der Sage nach auf dem »Blocksberg« die Hexen zu einer riesigen Party einfinden. Was die Hexen dort treiben, beschrieb Goethe in so deutlichen Worten, dass es seinen Zeitgenossen auf der Bühne nicht zuzumuten war. Wenn man nicht gerade Love-Parade-gestählt ist, sollte man diese Nacht übrigens auch heute noch meiden, um auf den Brocken oder in die umgebenden Ortschaften zu fahren. Der Mitteldeutsche Rundfunk hat sämtliche zur Verfügung stehenden Ü-Wagen in Position gebracht und veranstaltet mit Riesenbohei eine Teufelsparty, der Tausende vom »Kleinen Feigling« berauschte Kostümierte die passende Feierkulisse geben. Auf den Bühnen spielen »Die Lords« und ähnlich avantgardistische Bands, die die Stimmung immer mehr anheizen. Der Moderator und viele der Besucher tragen leuchtende Teufelshörnchen, und wer das nicht tut, hat sich einen breitkrempigen Spitzhut aufgesetzt und reitet auf einem Besen, sodass man bald nicht mehr weiß, ob man nicht doch auf einem Harry-Potter-Happening gelandet ist.

Ein zweiter, häufig benutzter, etwas anstrengenderer Wanderweg führt, gekennzeichnet als Heinrich-Heine-Weg, mit Ausgangspunkt Ilsenburg von Nordosten herauf. Der namensgebende Dichter hielt 1826 seine Erfahrungen in der »Harzreise« fest: »Und ich glaube, auch Mephisto muß mit Mühe Atem holen, wenn er seinen Lieblingsberg ersteigt; es ist ein äußerst erschöpfender Weg, und ich war froh, als ich endlich das langersehnte Brockenhaus zu Gesicht bekam.« (Heinrich Heine: Werke, Band 2 (Reisebilder). Insel Verlag. Frankfurt/M. 1968, S. 125) Und Heine hat recht. Zwar geht es zunächst ganz geruhsam durch das Tal der lieblich murmelnden Ilse, die später in schönen Kaskaden als »Ilsefälle« etwas lebhafter wird. Aber nach einem nicht enden wollenden Anstieg, der mit Betonplatten für die militärischen Fahrzeuge des Warschauer Pakts präpariert wurde, ist der Wanderer doch froh, wenn er endlich oben ankommt und in die

Arme des Brockenwirts fallen kann. Auf dem Gipfel gibt es neben einem Restaurant auch ein Hotel, in dem man allerdings vorher reservieren sollte, denn gerade an Feiertagen und langen Wochenenden machen sich viele Ausflügler hierher auf. Jeder ist erst mal froh, wenn er den langen Weg nach oben geschafft hat, so auch ich an einem Sommerwochenende, und als ich wieder Luft bekam, stellte sich unwiderstehlich der Drang nach einer Zigarette ein. Ein kleiner Pfadfinder setzte sich neben mich und las den Spruch von meiner Schachtel vor: »Rauchen kann tödlich sein.« Ich antwortete: »Leben *ist* tödlich. Hört deshalb jemand damit auf?« Der vorlaute Bengel trollte sich wieder zu seiner Gruppe. An dem Tag hatte ich Glück, ich erwischte einen der durchschnittlich 59 Tage, an denen es nicht neblig ist und man eine spektakuläre Fernsicht hat. Angeblich konnte man in 130 Kilometern Entfernung das Leipziger Völkerschlachtdenkmal sehen und sogar den Kahlen Asten im Sauerland, immerhin 169 Kilometer entfernt. Ich erkannte in allen Richtungen lediglich mal kleinere, mal größere Ansammlungen von Häusern. Deshalb meine Empfehlung: Nehmen Sie ein Fernglas mit! Vielleicht haben Sie ja auch Glück und erwischen einen nebelfreien Tag.

Südöstlich vom Berg befindet sich der Ort Schierke, auch von hier brechen viele Brockenwanderer auf. Das ist der Weg, den Brocken-Benno am häufigsten geht. Der mittlerweile 81-Jährige ist der ausdauerndste Brockenbesteiger. Seit dem 3.12.1989, dem Tag, an dem auch auf dem Brocken die Mauer aufging, bestieg er den Berg beinahe jeden Tag. Mittlerweile sind mehr als 7000 von Brocken-Benno akribisch dokumentierte Gipfelstürme daraus geworden, und der rüstige Rentner, der nebenbei noch ehrenamtlich für den Harzklub Wanderwege ausbessert, peilt schon die Schnapszahl 7777 seines selbstverständlich auch guinessbuchnotierten Hobbys an. Da sein Tagesablauf also einigermaßen festgelegt ist, kann man ihn an fünf Tagen in der Woche gegen zwölf Uhr auf dem Brocken antreffen.

Wer überhaupt nicht gut zu Fuß ist, setzt sich in die Brockenbahn und lässt sich auf schmaler Spurbreite in historischen Waggons von einer kleinen Dampflok heraufziehen. Die Brockenbahn fährt mehrmals täglich. Die Fahrt ist ein altertümliches Vergnügen, bei dem man die Landschaft ganz anstrengungslos genießen kann. Allerdings ist es nicht ganz billig. Der Fahrpreis ist derselbe, ob man nun an der letzten Station, in Schierke, zusteigt oder die ganze Strecke, eine zweistündige Fahrt von Wernigerode herauf, macht. Im Winter, wenn der Brocken tief verschneit ist, ist die Fahrt durch das Winterwunderland besonders schön, aber gerade dann kann es durchaus vorkommen, dass wegen der Schneeverwehungen nichts mehr fährt. Ich schreibe das als Warnung, weil ich schon Familien mit weinenden Kindern im Schierker Bahnhof gesehen habe.

Der Brocken hat zwar einen Gipfel, aber dieser ist nicht etwa steil oder spitz, sondern sieht aus wie ein riesiger Platz. Ein Spazierweg führt am Rande herum, er ist 1,6 Kilometer lang. Möchte man diesen Weg nicht nehmen, kann man einfach querfeldein über das Plateau schlendern, sollte einen nicht eine der gefürchteten »orkanartigen Böen« davon abhalten. Schon längst hat man die Sendeanlage erspäht, die wie eine Rakete vor dem Abschuss aussieht, sowie einen großen Kubus mit einer Kugel darauf. Im Volksmund wird das Gebäude, wegen der früheren Nutzung als Abhörzentrum, immer noch Stasi-Moschee genannt. Heutzutage ist hier ein

Museum eingerichtet, das umfassend über alle Aspekte des Brockens informiert. Wenn dann noch die kleine Brockenbahn dampfend in weitem Bogen um das Plateau herum Anlauf auf den Bahnhof nimmt, komplettiert sie den Eindruck, einen Blick in das Spielzimmer eines jungen Riesen zu werfen, dessen Lieblingsserie Star Trek ist, der aber durchaus bereit ist, nostalgische Elemente zuzulassen.

Neben den Gebäuden auf dem Brockenplateau liegt ein großer Granitblock, in den Tafeln eingelassen sind. Eine davon erinnert daran, dass hier ein wichtiger Vermessungspunkt war. Der 10-Mark-Schein und Daniel Kehlmann haben es ja unfassbarer Weise geschafft, den Namen eines Mathematikers, nämlich Carl Friedrich Gauß, zu popularisieren. Die »Vermessung der Welt« wurde zumindest zu Teilen vom Brocken aus vorgenommen. Es begab sich also zu der Zeit, dass der König von Hannover wissen wollte, wie groß eigentlich sein Königreich sei, und er beauftragte Gauß mit der Leitung dieses Unternehmens. Der Brocken bildete dabei zusammen mit dem Hohen Hagen und dem Großen Inselsberg die Eckpunkte eines riesigen Dreiecks mit Seitenlängen bis zu 106 Kilometern. Dieses wurde als Grundlage für die Verknüpfung der zahlreichen regional gesammelten Vermessungsdaten genommen. Ohne GPS war man aber auf Sicht zwischen den Vermessungspunkten angewiesen, und so konstruierte das Multitalent Gauß auch gleich das Heliotrop, ein Vermessungsinstrument, das über Spiegel die Sonnenstrahlen nutzt, um weite Entfernungen zu überwinden. Gauß leitete die Vermessung von 1818 bis 1826, das Gesamtvorhaben war aber erst im Jahre 1844 abgeschlossen. Vielleicht hat das ja so lange gedauert, weil der Brocken fast immer in einer Nebelsuppe liegt?

Wenigstens durfte damals jeder auf den Berg steigen. Das änderte sich am 13.8.1961, als der Brocken im Zuge des Mauerbaus zur militärischen Sperrzone erklärt wurde. Es entstand ein Komplex, der mit einer eigenen, 3,60 Meter hohen Mauer abgeschirmt wurde. Die eigentliche innerdeutsche Grenze lag zwar weiter westlich, aber das kümmerte niemanden, zumal die Höhenlage einmalige Abhörmöglichkeiten schuf. Nicht nur die Grenztruppen tummelten sich in Zugstärke auf dem Brockengelände, sondern auch der militärische Geheimdienst der Sowjetunion und natürlich die Mitarbeiter des Ministeriums für Staatssicherheit. Bis zu diesem Mauerbaujahr waren der Brocken und die umliegenden Ortschaften auch schon als »ziviles« Sperrgebiet eingestuft, aber mit einem »Passierschein III zum vorübergehenden Aufenthalt in der Sperrzone« gab es die Möglichkeit, auch hierhin zu gelangen. Die DDR war klein, das Recht auf Erholung hatte man sich in die Verfassung geschrieben, und die Schulferien fanden republikeinheitlich im Juli und August statt. Irgendwo mussten die Massen hin.

Beim Blättern durch die Familienalben – mein Großvater war ein großer Kleber und Sammler – kamen wir regelmäßig zum Album »Sommer 1955«. Die Fotos waren klein und schwarz-weiß, hatten den typischen gezackelten Rand und waren erstaunlich scharf. Sie zeigten meine Großeltern mit ihren beiden kleinen Kindern, die später einmal meine Mutter und mein Onkel werden sollten.

Dazu erzählte er immer die folgende Episode: Es war sehr schön im Harz in diesem Sommer, sie waren zwar beengt bei einer Gastfamilie untergebracht, aber die Freude über das junge Familienglück überwog, und man nahm kleine Unannehmlichkeiten gelassen hin. Der Stolz, als ärmliches Kriegswaisenkind so schnell zu einer eigenen

Familie gekommen zu sein, strahlte auf jedem Foto vom Gesicht meines Opas. Außerdem sieht man, dass sich damals die Herren mit Anzug und die Damen im Kostüm auf Waldwanderung begaben.

Die Urlaubsreise an den Fuß des Brockens, in den Harzort Elend, wurde vom Freien Deutschen Gewerkschaftsbund (FDGB) organisiert, und die Mahlzeiten, für die die Familie kleine Essensschecks erhielt, wurden zu bestimmten Zeiten im FDGB-Erholungsheim »Völkerfreundschaft« serviert. Zu den Essenszeiten hatte sich der komplette »Durchgang« einzufinden und an festgelegten Plätzen die Mahlzeiten einzunehmen. Kaum einer versäumte jemals diese Zeiten, denn es gab keine ausreichende Gastronomie, die man anstelle hätte besuchen können. Außerdem war alles im Voraus bezahlt, und so dicke hatte man es nicht.

Nun fehlte eines Morgens die Familie Krämer, die mit unserer am selben Tisch saß. Gedämpftes Gemurmel und Blicke des ganzen Speisesaals auf die leeren Stühle waren die Folge. Meine zukünftige Mutter und mein zukünftiger Onkel hatten die letzten Tage immer so nett mit den Krämer-Kindern gespielt. Vielleicht war eines der Kinder krank, und alle anderen saßen besorgt an seinem Krankenbett? Als auch das Mittagessen und das Abendbrot ohne Krämers vergingen, war aus dem gedämpften Gemurmel längst Gewissheit geworden, die mit voller Stimme zu Gehör gebracht wurde. Die ganze Familie hatte sich nachts über die grüne Grenze in den Westen aufgemacht. Eine bessere Werbung hätte der örtliche Schleuser nicht haben können. Der Saal leerte sich in den nächsten Tagen zusehends.

Diese Fluchten lösten eine mittlere Familienkrise aus, denn der Mensch ist auch ein Lemming. Nur war mein

Opa damals noch ein überzeugter Kommunist, und meine Oma hatte schon immer einen sehr sicheren Sinn fürs Praktische, der den Sinn fürs Ideologische stark überlagerte. Der Rest des Urlaubs verlief weniger harmonisch als der Anfang, und so kam es, dass ich ein Ossi bin.

Deutschsein, Romantischsein,
auf der Höh' und in der Höhle sein

Der Harz, insbesondere der Brocken, hatte immer den Ruf, ein Kernland der deutschen Identität zu sein. So schreibt Heine in seiner »Harzreise«: »Der Brocken ist ein Deutscher. Mit deutscher Gründlichkeit zeigt er uns, klar und deutlich, wie ein Riesenpanorama, die vielen hundert Städte, Städtchen und Dörfer, die meistens nördlich liegen, und ringsum alle Berge, Wälder, Flüsse, Flächen, unendlich weit. [...] Der Berg hat etwas so Deutschruhiges, Verständiges, Tolerantes; eben weil er die Dinge so weit und klar überschauen kann. Und wenn solch ein Berg seine Riesenaugen öffnet, mag er wohl noch etwas mehr sehen als wir Zwerge, die wir mit unsern blöden Äuglein auf ihm herumklettern. [...] Es ist sogar notorisch, daß der Brocken seine burschikosen, phantastischen Zeiten hat, z. B. die erste Mainacht. Dann wirft er seine Nebelkappe jubelnd in die Lüfte, und wird, ebenso gut wie wir übrigen, recht echtdeutsch romantisch verrückt.«

(Heine, S. 126 f.) Diese besondere Mischung, die deutsche Seele in genau dieser Natur wiederzufinden, führte zu einem bis dahin noch nicht gekannten Aufschwung des Fremdenverkehrs im 19. Jahrhundert. Die patriotischen und romantischen Impulse wurden von den Dichtern und Malern der Romantik befeuert und machten sie selbst zu treuen Harzreisenden. Auf malerische Weise erkundete Caspar David Friedrich 1811 den Harz, und er wanderte zu diesem Zwecke gründlich, rund 300 Kilometer, durch das Gebirge. Viele Arbeiten vor der Natur sind von ihm überliefert, die sich als Studien zu seinen berühmten Gemälden erkennen lassen. Charakteristische Felsgruppen, Höhlen und Fernsichten gehörten zu seinen bevorzugten Motiven, so etwa die Gegensteine, vom Schlossberg Ballenstedt aus gesehen, der Brocken, die Burgruine Regenstein, die Rosstrappe, der Marmorbruch bei Rübeland, der Trudenstein bei Drei Annen Hohne (heute mit Geländer) und, besonders possierlich: Skelette in der Tropfsteinhöhle. Hier liegen zwei menschliche Skelette wie aufgebahrt unter Stalaktiten nebeneinander. Angeregt zu der Sepiazeichnung wurde er vielleicht von einem Besuch in der Baumannshöhle in Rübeland, die den Namen ihres Entdeckers trägt. Dieser Herr Baumann war ein Bergmann und eigentlich auf der Suche nach Erz, als er in die Höhle gelangte. Nachdem sein Licht ausgegangen war, verirrte er sich in der Höhle und fand erst nach zwei Tagen und Nächten wieder heraus. Von Angst und körperlicher Entbehrung gezeichnet, berichtete er von seiner Entdeckung und verstarb daraufhin. Tatsächlich wurden in der Höhle auch Skelettteile gefunden, jedoch keine menschlichen, sondern die des ausgestorbenen Höhlenbären. Dieses vor circa 20 000 Jahren ausgestorbene Tier war ziemlich groß, so ungefähr 3,50 Meter lang, und die

Knochen sind eigentlich nicht mit menschlichen zu verwechseln. Und da etliche dieser Bären sich zur Winterruhe in Höhlen begaben, dort aber auch viele mangels Fettreserven den Winter nicht überstanden, sind die Höhlen bevorzugte Fundplätze ihrer Überreste. Die Knochenfunde waren Ursache für zahlreiche Geschichten um Sagengestalten, die hier hausten.

Die etwas weiter die Straße hinunter liegende Hermannshöhle ist nach ihrem Ersterforscher benannt. Allerdings entschied man sich bei der Namensgebung für den Vornamen. Die Führung beginnt in der Bärenhalle, in der ein rekonstruiertes Skelett des Höhlenbären die Besucher begrüßt. Es hat uns allerdings den Rücken zugewandt. Wahrscheinlich ist es in die Position gedreht, weil man am Ende dort rauskommt und die Höhlenfotografin, die noch nicht ausgestorben ist, die Gäste zum Höhlenfoto bittet, das man gleich danach erwerben kann. Das war schon zu Opas Zeiten so, nur dauerte die Bildentwicklung damals einige Minuten länger. Aber erst einmal gilt es, die vielen verschiedenen Tropfsteingebilde zu bestaunen und durch die verwinkelte Höhle zu laufen. Sommers wie winters herrschen hier acht Grad Celsius. Die Stimme der Führerin schaltet auf laut und deutlich um. Wie von einer monotonen Bandansage werden uns die Einzelheiten erläutert: »Wenn es von den Stalaktiten herabtropft, bilden sich Stalagmiten; wenn diese in der Mitte zusammenwachsen, heißt das Stalagnat.« Ein etwas angetrunkener Gast bringt ein bisschen Stimmung in die Bude: »Da wächst zusammen, was zusammengehört!« Es gibt aber nicht nur säulenförmige Tropfsteine, sondern auch welche, die wie Lappen oder Gardinen aussehen, kristalline Strukturen sind genauso zu finden wie wächserne. Die Höhle ist seit ihrer Entdeckung gut besucht, und man hat sie voll verkabelt; die Führerin macht immer im jeweils nächsten Abschnitt das Licht an und hinter der Gruppe wieder aus.

»Die grüne Farbe entsteht nur durch das künstliche Licht. Das sind Algen und Moose.« Wir trotten immer weiter in die Höhle hinein und hinunter, Treppen und Geländer sichern den eigentlich ganz bequemen Weg. Man muss aufpassen, dass man vor lauter Staunen über die seltsamen Tropfsteingebilde nicht vergisst, den Kopf ab und zu einzuziehen. Wir kommen an Stellen, wo Fledermäuse wohnen, dreizehn männliche Grottenolme, außerdem Spinnen, Motten und Mücken, die man offenbar nicht gezählt hat, aber nicht ein Viech lässt sich blicken. Zum Glück gibt es einen Grottenolm-Schaukasten, so kann man eins der länglichen weißen Exemplare bewundern. Die Olme wurden aus Slowenien hier angesiedelt, und angeblich sind es immer noch dieselben Exemplare wie vor achtzig Jahren, die Tiere sollen bis zu hundert Jahre alt werden.

Die »Kristallkammer« wird als Höhepunkt der Besichtigung gepriesen. Man läuft durch einen engen Gang, und links und rechts befinden sich, ganz praktisch in Kopfhöhe, verschiedene korallenförmige und glitzernde Tropfsteingebilde. Ein Maschendrahtzaun soll wahrscheinlich verhindern, dass die Höhlengänger die jahrhundertealten Gebilde abbrechen und mit nach Hause nehmen. Mit zehn Meter Höhe und zwanzig Meter Breite ist der »Festsaal« genannte Höhlenraum der größte, den wir zu sehen bekommen. In ihm hat tatsächlich der Festakt zur Eröffnung der Höhle im Jahre 1890 stattgefunden. Irgendwann sind wir an der tiefsten begehbaren Stelle, und dreißig Meter Fels hängen über unseren Köpfen. An einer Stelle sage ich zu meiner Begleitung, dass die Tropfsteine an der Wand mich an ein stark vergrößertes Bild von Darmzotten erinnern. Das einzige Kind, das an der Führung teilnimmt, staunt. Sind wir also in den Eingeweiden eines riesigen Drachens unterwegs?

Am Schluss kommt das Highlight der Führerin, an dieser Stelle taut sie richtig auf, enteist ihre Bandstimme und gluckst vergnügt: »Und die letzten hundert Meter machen wir jetzt im Höhlenforschermodus. Wenn dem Höhlenforscher die Lampe kaputtgegangen ist.« Sie knipst das Licht aus. Kein mädchenhaftes Gekreische, nur souveränes Handyleuchten ist die Reaktion des Publikums. Die Führerin verbittet sich das. Die Leute gehorchen. Sie lässt uns ein paar Minuten, bis die letzten Lichteindrücke von unseren Netzhäuten verschwunden sind. Dann stehen wir in totaler Schwärze. Schließlich sind es nur noch wenige Meter bis zum Ausgang.

Am südlichen Harzrand, zwischen Bad Lauterberg und Herzberg im Ortsteil Scharzfeld, liegt die Einhornhöhle, die nach dem Tier benannt ist, dessen Knochen man hier angeblich fand. Am Höhleneingang steht ein großes, aus geschnitzten Holzstücken montiertes Skelett, es soll wohl das Einhorn darstellen. Ich halte es schon für eine touristische Geschmacklosigkeit, weil es so bar jeder morphologischen Logik aufgebaut ist. Und dann erfahre ich, dass dieses Konstrukt auf den großen Gelehrten Leibniz zurückgeht, der sich die Fundstücke im Jahre 1685 angesehen hatte. Das Tierchen vor der Tür entsprang praktisch genau so seiner Feder. Er puzzelte einfach die Knochen verschiedener Tierarten zusammen, und heraus kam ebendieses zweibeinige Einhorn. Später grub man weiter und entschied sich, das Horn des Einhorns als Mammutstoßzahn anzusehen und den Schädel des Einhorns als den eines Wollhaarnashorns. Auch ein Drachen wäre natürlich mit etwas Phantasie mühelos rekonstruierbar.

Fachwerk und Kunstwerk I: Goslar

Auf nach Goslar, der bedeutenden Kaiserstadt am nördlichen Harzrand. Wenn Quedlinburg und Wernigerode die Kleinode des Harzes sind, ist Goslar das Großod. Hier war man mächtig, hier war man reich, und das zeigte man. Glücklicherweise kann man die über tausendjährige Stadtgeschichte in vielen Aspekten sowohl im überreichen Stadtbild als auch in den zahlreichen Museen studieren. Als Heine seine Harzreise unternahm, fand er »ein Nest mit meistens schmalen, labyrinthisch krummen Straßen, […] verfallen und dumpfig.« (Heine, S. 107)

Davon kann keine Rede mehr sein. Auf dem Weg vom Bahnhof zum Gasthaus durchquere ich die Altstadt mit dem zentralen Markt. Sogleich bin ich eingenommen von wunderschönen Fachwerkhäusern und dem Gepräge einer lebendigen Stadt, die ihren Namen vom hiesigen Hauptfluss Gose herleitet. Es ist der erste sonnige Tag im Jahr, die Cafés haben ihre Stühle und Tische vor die Tür gestellt, und keinen Einzigen hält es drinnen, alle laben sich an Kuchen und Eis, ja, es sind sogar Menschen in kurzärmligen Blusen und T-Shirts zu sehen. Rund um den Markt ist die Altstadt den Fußgängern vorbehalten, hier sieht man einige der eindrucksvollsten Bauten, wie das Gildehaus der Gewandschneider aus dem Jahr 1494, genannt Kaiserworth. Die prächtige Fassade des ältesten erhaltenen Gildehauses der Stadt zeigt als besonderen Schmuck acht aus Holz geschnitzte und farbig gefasste Kaiser, deren Regentschaft in Goslars Gründungsphase fällt. Vorbei die Zeit, als Heine fand, sie sähen aus wie »gebratene Universitätspedelle« (Heine, S. 107). An einer Ecke des Hauses hockt ein Dukatenscheißer, und es heißt, in der Vergangenheit konnte man sich auf eine Schüssel, die unter dem Dukatenscheißer stand, setzen und so seine Schulden in Scham und Schande eintauschen. Das Erdgeschoss öffnet sich zum Markt mit einer Arkadenhalle, die früher für Verkaufsstände genutzt wurde. Seit dem 19. Jahrhundert ist in dem Bau ein Hotel mit Restaurant untergebracht.

Weitere Gildehäuser, die sich aus den Marktständen und -buden herausbildeten wie das Bäcker- und das Münzergildehaus, findet man in der Nähe des Marktplatzes. Sie alle wurden um 1500 gebaut, als die Goslarer Bürger den Höhepunkt ihrer wirtschaftlichen Prosperität repräsentativ darstellen wollten. Die meisten restlichen Gildehäuser sind jedoch den Feuersbrünsten von 1728 und 1780 zum Opfer gefallen. Das Marktensemble wird vom Rathaus und, ihm gegenüber, vom voll verschieferten Kaiserringhaus komplettiert. Es beherbergt ein Restaurant und Hotel. Der Name verweist darauf, dass Goslar 1975 in den Blick der internationalen Kunstszene gerückt ist, als ein Förderverein seinen Plan in die Tat umsetzte und erstmals den Goslarer Kaiserring verlieh. Dieser, gleichwohl undotiert, gilt mittlerweile als einer der renommiertesten Kunstpreise weltweit, und so liest sich auch die Liste der Empfänger wie das Who's who der zeitgenössischen Kunst: Henry Moore, Richard Serra, Joseph Beuys, Georg Baselitz, Jenny Holzer, Gerhard Richter, Cindy Sherman – um nur einige zu nennen. Hier spiegelt sich nicht nur der hohe Anspruch der Juroren, sondern auch ihre Offenheit bezüglich der verschiedenen Genres der bildenden Kunst. Um auch die Arbeiten der ausgezeichneten Künstler vor Ort präsentieren zu können, eröffnete 1978 das Mönchehaus Museum mit angeschlossenem Skulpturengarten. Auch im weiteren Stadtbild sind Plastiken der Preisträger zu besichtigen.

Gleich hinter dem Markt liegt ein weiteres berühmtes Fachwerkhaus, das wohl wegen seines beinahe dreieckigen Grundrisses »Brusttuch« heißt. Der Berg- und Hüttenherr Thillingk ließ es 1521 bauen und anschließend das Obergeschoss mit figürlichen und ornamentalen Schnitzereien verzieren. Es überrascht nicht, dass sich heutzutage hier ein Hotel befindet.

Dahinter stößt man auf das Museumsufer. Es liegt »An der Abzucht« – das klingt nicht so lieblich, ist es aber. Die Abzucht ist ein Nebenfluss der Oker und wird hier im mauerverstärkten Bett durch die Stadt geleitet. Gut, dass sie die Stadt nicht nach diesem Nebenfluss benannt haben: Abzuchtlar oder so ähnlich. Für einen Moment fühlt man sich an eine Amsterdamer Gracht erinnert – die Fachwerkhäuschen schmiegen sich an den Flusslauf, und Brücken verbinden die Gässchen. Hier sind das Goslarer Stadtmuseum, das Musikinstrumente- und Puppenmuseum, das Zinnfigurenmuseum, die Stubengalerie und das Hospital Das Große Heilige Kreuz angesiedelt. Das Hospital wurde 1254 gegründet. Es soll angeblich noch bis

1977 in Betrieb gewesen sein, was mir einen leichten Schauder einjagt, als ich durch den riesigen Hauptraum (Däle) mit dem schief gepflasterten Boden gehe, weil die Anmutung so altertümlich ist, dass ich unwillkürlich denke, in diesen Mauern lauere noch irgendwo ein Pestbakterium. Das Gebäude diente der Versorgung der Armen, Alten und Kranken und war lange die größte städtische Einrichtung dieser Art. Geistlicher Beistand war immer da, medizinischer seltener. In den kleinen Kammern, die von der Däle abgehen, liegen nun nicht mehr die Siechen der Stadt, sondern es sind Händler eingezogen, die Kunsthandwerk und Mode verkaufen.

Das Stadtmuseum, selbst in einem schönen Haus von 1514 untergebracht, bietet nicht nur Einblicke in die Geologie des Harzes mittels vieler eindrucksvoller Fossilien und Minerale und in die Stadtgeschichte; hier finden sich auch die schönsten Kunstwerke, die eigentlich zum abgebrochenen Dom gehörten: das Goslarer Evangeliar, eine Kreuzigungsgruppe und der Krodo-Altar. Auch wenn mich der Name Krodo zunächst an Tolkien denken lässt – hier handelt es sich natürlich nicht um ein Ausstattungsstück aus einem »Herr der Ringe«-Film. Krodo soll vielmehr ein germanischer Gott der Sachsen sein, der auf einem Fisch stehend dargestellt wird, ein Rad hochhält und einen Eimer voller Rosen mit sich führt. Gut, das klingt auch ausgedacht, ist aber in der »Sachsenchronik« von 1492 belegt. Es handelt sich jedenfalls um den einzigen romanischen Altar, der aus Metall hergestellt wurde, ein rechteckiges Gebilde, das von vier knienden männlichen Figuren getragen wird, die, wiederum laut Heine, »unerfreulich hässliche Gesichter schneiden«. Ich glaube, Heine war bei seinem Goslar-Besuch irgendwie übellaunig. Ich empfinde die Figuren von vorderasiatischer Schön-

36

heit als pergamonmuseumstauglich. In den seitlichen ovalen Öffnungen des Altars (der von einigen auch für ein Reliquiar gehalten wird) waren wahrscheinlich einmal Bergkristalle eingelassen. Wenn man Kerzen in die Mitte gestellt hat, funkelten die Strahlen farbig durch die Kristalle, was bestimmt ein schöner Effekt war.

In unmittelbarer Nähe des Museums hat der NABU eine Hinweistafel aufgebaut. Der NABU Niedersachsen und der Bund haben nämlich ein besonderes Schnecken-Projekt initiiert, und auch mitten in der Stadt kann man auf den *snail trail* gehen. Auf einem abendlichen Gang kann man sich zum Beispiel fachkundig erläutern und zeigen lassen, wie der Bierschnegel, eine gelbe Nacktschnecke, an den Mauern der Abzucht die Algen abgrast. Auch der gefleckte Tigerschnegel ist im Schein der Taschenlampe der neugierigen Naturfreunde zu sehen, aber sein natürliches Bestreben ist es, wieder aus dem Scheinwerferkegel hinauszukriechen. Das gelingt ihm, aufgrund seiner Schneckeneigenart, nur langsam. Wenn man dieses Thema noch vertiefen möchte, kann man zum Nationalparkhaus in St. Andreasberg fahren und sich auf Exkursion mit Herrn Wimmer begeben, denn die alten Bergbauhalden und natürlich vorkommenden Blockhalden des Harzes bilden unzählige dunkle und feuchte Hohlräume – ideale Lebensbedingungen für eine Vielzahl von Arten. Die Wortschöpfung »Nationalparkhaus« fand ich übrigens schon immer sehr schön, stellte ich mir doch beim ersten Hören die deutsche autofahrende Nation als parkende vor und dann diese versammelt in einem riesigen, praktisch das halbe Land überdeckenden Parkhaus, eben dem Nationalparkhaus.

Nach so viel Belehrung bin ich am Abend wirklich durstig und gehe in eine schöne urige Altstadtkneipe, wo sehr leckeres Gose-Bier ausgeschenkt wird. Sofort bekomme ich nostalgische Gefühle, denn 1986 eröffnete in meiner Heimat Leipzig eine Gosenschenke, und seit 1989 habe ich dieses Bier nicht mehr getrunken. Schon ein paar Jahrhunderte früher fanden sich nämlich in Leipzig willige Abnehmer für diese Goslarer Spezialität, nur wurde das obergärige Bier selbst hier, an seinem Entstehungsort, für einige Zeit vergessen. Durch eine zusätzliche Milchsäuregärung und die Beigabe von Salz und Koriander entsteht sein typischer erfrischender Geschmack. Die Herstellung ist natürlich ein Gräuel für Fanatiker des deutschen Reinheitsgebots, aber die Gose ist schließlich älter als dieses. Hier im niedersächsischen Teil des Harzes scheinen mir die Speisekarten sogar noch etwas deftiger zu sein als im sachsen-anhaltinischen, ich bestelle passend zum Getränk einen Goslarer Bierbraten mit Bratkartoffeln. Die Bregenwurst lasse ich mal aus, das ist eine Mettwurst, die leicht geräuchert wird und ihren Namen vom zugefügten Schweinehirn hat – Bregen heißt Hirn auf Niederdeutsch. Heutzutage ist der Zusatz verboten, der Name aber ist geblieben. Nach dieser Mahlzeit ist tatsächlich kein Platz mehr für ein weiteres Bier, dem ich sofort verfallen bin. Um überhaupt wieder aufstehen zu können, trinke ich noch einen Aquavit aus der Brennerei eines ehemaligen Zisterzienserklosters. Zum Glück ist die Kneipe ein Brauhaus und hat auch einen Flaschenverkauf, sodass ich etwas mit in mein Quartier nehmen kann. Mit gehöriger Bettschwere falle ich in frühen Schlaf.

Am nächsten Morgen möchte ich zur Kaiserpfalz und mache mich gleich nach dem Frühstück auf. Vor dem eigentlichen Haus liegt die Domvorhalle, durchs Glas kann man die Replik des Kaiserthrons erspähen. Den Dom selbst gibt es nicht mehr, vor 200 Jahren hat man ihn wegen Baufälligkeit abgerissen. Die Kaiserpfalz hat noch nicht auf, ich hatte mich zu früh aufgemacht, weil die Fülle des zu Besichtigenden einen straffen Zeitplan erforderte. Hier ist aber auch Niedersachsen, erinnere ich mich, als ich das Kaiserhaus von außen betrachte, hier steht man nicht unbedingt früher auf als in Sachsen-Anhalt. Zwischen 1040 und 1050 angelegt, wirkt das Haus repräsentativ, direkt klobig, aber dafür war es ja auch da, zum Beeindrucken. Man steht nicht vor dem Original, sondern vor einer Rekonstruktion aus der Zeit des Historismus, was den guten Erhaltungszustand hinreichend erklärt. Der Besucher wird zur Untersicht gezwungen und nähert sich über Treppen, die ich nur als große Showtreppen bezeichnen kann. 1253 war zuletzt ein deutscher Kaiser hier, und die praktisch veranlagten Goslarer Bürger nutzten die großen Säle (700 Quadratmeter) anschließend als Lagerhallen. So viel kann ich meinem Reiseführer fürs Erste entnehmen, aber die Zeit vergeht dadurch nicht schneller. Daher beschließe ich, der Beschilderung zum Museumsbergwerk Rammelsberg zu folgen. Bis ich dort bin, müsste auch langsam die allgemeine Museumsöffnungszeit erreicht sein. Der Weg führt durch kleine Altstadtgassen, viele Häuser sind bis zum Boden mit Schieferschindeln verkleidet, wie im Bergischen Land. Dazwischen komplette Fachwerkensembles, unter anderem das mächtige Siemens-Haus, das man aber nur in den Sommermonaten und im Dezember im Rahmen einer Stadtführung besichtigen kann.

Vor einer kleinen rot gestrichenen Mauer steht ein Tisch mit zwei Kartons alter Bücher, ein Euro das Stück. Wie immer kann ich unmöglich an solchen Bücher-Grabbelkisten vorbeigehen. Durch einen kleinen Flur betritt man eine kleine Bücherstube, in der wohnt Herr Oldekamp, und kaum habe ich meinen Euro für einen Wanderführer um die Westharzer Talsperren auf den Tisch gelegt, habe ich auch schon einen Kaffee vor der Nase und sitze vor einem kleinen Öfchen, das behaglich knistert und flackert. Nach wenigen Minuten fängt auch schon das Plauderstündchen an: »Wo wohnen Sie? Am Stuttgarter Platz? Da habe ich 1965, als ich auch in Berlin wohnte, mal Touristen hingeschickt, die waren dann ganz fröhlich, als ich ihnen den Weg zeigen konnte, denn sie wollten in den Puff!« Ich erzähle Herrn Oldekamp, dass jetzt wohl auch an diesem einst verrufenen Platz die Gentrification um sich gegriffen hat und neben Einrichtungs- und Feinschmeckerläden nur noch wenige Table-Dance-Bars übrig geblieben sind.

In diesem Moment geht die Tür zur guten Stube auf, und ein Mann und eine Frau kommen, unter Bananenkisten voller Bücher ächzend, herein. Sie stellen sie auf dem großen Tisch in der Mitte des Raumes ab: »Nachschub, Horst!« Ich kann gerade noch erzählen, dass ich ein bisschen Material über den Harz suche, da öffnet er schon sein Schlafzimmer und deutet neben dem Bett auf zwei Regale, vollgestopft mit Harzer und Goslarer Heimatliteratur. Ich sichte die Bücher und finde »Historische Streifzüge durch den Südwestharz«, den Silberführer Goslar und den 1952er-Jahrgang der Goslarer Woche. Was will man mehr? Inzwischen sitzen zwei neue Besucher vor seinem Kamin, sie wollten noch Tapete kaufen gehen, kommen aber ins Erzählen. Da gab es doch einen gemeinsamen Bekannten, dem es zu lästig war, neue Tapete zu kaufen. Er verklebte stattdessen ein Tapeten-Musterbuch, die Wände wurden schön bunt, waren aber tapeziert. Ich höre, noch in den Büchern blätternd, wie Oldekamp einen Witz einleitet: »Was halten Sie von der Papstwahl?«, ruft er herüber. Ich versuche wahrheitsgemäß zu antworten, aber er wollte nur eine kommunikative Einleitung. »Mein Freund Gerd hier (er deutet auf den älteren Mann, der sich an seinem Ofen niedergelassen hat), der geht zum Kardinal Meißner und sagt: ›Wollen Sie nicht mal eine Frau zum Papst wählen?‹ Da sagt der Kardinal: ›Nein, das geht wirklich nicht, beim Abendmahl war doch keine Frau dabei!‹ Gerd hat sich aber ein bisschen vorbereitet: Ein Pole und ein Deutscher waren aber auch nicht drunter, soweit ich weiß!« Ich könnte hier den ganzen Tag am Ofen sitzen bleiben und mir Witze und Schnurren anhören, aber schließlich bin ich hier, um etwas über die Region zu lernen. Und so setze ich mich in den Bus und fahre die paar Stationen bis zum Rammelsberg.

Im Inneren der Berge

Als der 26-jährige Dichter Hans Christian Andersen im Sommer 1831 Deutschland bereiste, durchwanderte er auch den Harz. Er kam durch eine Region, in der die Bergwerke noch in vollem Betrieb waren. Im Okertal machte er die folgende Beobachtung: »Pechschwarzer Abfall erhebt sich zu einem kleinen Berg außerhalb des rotgedeckten Hauses, in der Nähe braust die Ocker über die großen Steine; ein alter Bergmann schiebt seine Schubkarre über eine lange, schmale Brücke, und im Hintergrund, mitten im weißgrauen Dampf, steigen grünliche Rauchwolken in den Himmel; sie kommen aus den ›Schwefelhaufen‹, aufgetürmten Hügeln, in denen ein kräftiges Feuer entfacht ist, so daß der gelbe Schwefel über die Erde fließt.« (Hans Christian Andersen: Schattenbilder von einer Reise in den Harz, die Sächsische Schweiz etc. etc. im Sommer 1831. Insel Verlag. Frankfurt/M. und Leipzig 2002, S. 73 f.) In uns Heutigen ruft diese Beschreibung wohl nicht wie bei Andersen die romantische Attraktion eines vielfarbigen Gemäldes auf, sondern eher den Naturschützer auf den Plan. Doch auch das war der Harz für einige Jahrhunderte: eine um ihrer Bodenschätze willen wirtschaftlich bedeutende Region. In Besucherbergwerken kann man sich ein lebendiges Bild davon machen. Der Rammelsberg in der Nähe von Goslar bietet ein solches ober- und unterirdisches Schauspiel. Die schön gegliederte Architektur der oberirdischen Anlagen stammt aus den 1930er-Jahren und schmiegt sich terrassenförmig an den Berg, obenauf thront der Förderturm. Über einen Hof gelangt man in den Eingangsbereich. Die Kasse befindet sich in der Lohnhalle, die ein großes Wandbild mit Grubenarbeitern schmückt und an deren Seiten man noch die kleinen Schalter sehen kann, durch die die Arbeiter ihre Lohntüten ausgehändigt bekamen. Statt Lohn zu empfangen, zahlt man jedoch heute seinen Obolus, je nachdem, ob man zusätzlich zur Besichtigung der Bergwerksanlagen auch eine Führung in die Stollen mitmachen will. Ich empfehle den Gang in die Unterwelt auf jeden Fall. Die Tour, die ich auswähle, veranschaulicht den Bergbau im 19. Jahrhundert. Ein Mann in weißer Kluft holt uns ab, alle Besucher stehen frisch behelmt in der Kaue, in der noch die Kleidung der Bergleute an der Decke hängt, sodass man den Eindruck hat, die letzte Schicht sei gerade zu Ende gegangen und nicht im Jahre 1988.

Die meisten fahren mit der Grubenbahn in einen Stollen, auf dieser Tour kann man sich den Bergbau des 20. Jahrhunderts zeigen lassen, übrig bleiben außer mir nur zwei andere Besucher. Wir gehen in einen Nebenraum zu einem großen Modell, das der Führer für uns in Bewegung setzt. Er erklärt zunächst den Mechanismus des Bergwerks, das wir uns gleich ansehen werden. Danach gehen wir zum Herzberger Teich, der schon 1561 angelegt wurde, denn zum Bergbau brauchte man in erster Linie eins: Energie – und diese wurde in früheren Jahrhunderten vor allem aus der Wasserkraft gewonnen. So diente auch der Roeder-Stollen, dessen eisentürbewehrten »Mund« der Führer auf- und hinter uns wieder abschließt, gar nicht direkt der Erzgewinnung, sondern der Wasserzufuhr aus dem aufgestauten Teich. Man sollte sein Geburtstrauma hinter sich gelassen haben und nicht von Klaustrophobie geplagt werden, wenn man eine Unter-Tage-Führung mitmacht. Es ist dunkel und eng, steil und feucht; man muss sich öfter bücken und über Treppen auf- und absteigen. Unser Bergwerksfachmann aber erklärt, dass wir uns sehr komfortabel fortbewegen, zumindest im Vergleich zu den Unter-Tage-Bedingungen im 19. Jahrhundert. Um zu demonstrieren, wie die Bergarbeiter früher unterwegs waren, knipst er das ohnehin nicht üppige Licht aus und zündet ein kleines Öllämpchen an, damals die einzige Lichtquelle. Mehr Licht gab es nur beim Feuersetzen, einer Methode, den Stein aufzusprengen, indem man riesige Holzhaufen vor dem Gestein aufschichtete, diese übers Wochenende anzündete und sich dann wochentags weiter durch den Stollen haute. Das wird dem Besucher hier auch demonstriert, natürlich nicht mit echtem Feuer, sondern nur mit einer flackernden Lichtsimulation in Gelb und Rot. Durch Gänge und Treppen geht es immer tiefer in den Berg hinein, verlockend bunte Vitriole leuchten in Grün, Blau, Weiß und Dunkelbraun. Sie entstehen durch das Wasser, das aus dem Erzgestein metallische Sulfatsalze löst, die sich an den Decken und Wänden ablagern und so die Stollen mancherorts in bunte Tropfsteinhöhlen verwandeln. Das Anfassen oder gar Abbrechen dieser verlockenden Gebilde ist natürlich verbo-

| 44

ten. Wir steigen über Leitern und Treppen hinab zu den Radstuben, die aus dem Fels gehauen sind; hier wurden aus Holz riesige Räder zusammengebaut, die, vom Wasser angetrieben, die Kraft über ein System von meterlangen Gestängen durch das ganze Stollensystem verteilten. Das alles wird »Kunst« genannt – die bergbauliche und künstliche Handhabung der Wasserzufuhr zwecks Energiegewinnung zum Abtransport des Erzes und zur Abfuhr des natürlich vorhandenen Berg- und Grundwassers. Blei, Kupfer und Zink waren die hauptsächlichen Metallvorkommen, die man aus dem Gestein gewann. Zur Demonstration lässt der Führer das gestaute Wasser aus einem Kasten auf ein Kunstrad laufen, das sich nach wenigen Sekunden zu drehen beginnt. Haben wir eben noch oberirdisch im Modell den laufenden Betrieb gesehen, bekommen wir nun, mit Wasserspritzern im Gesicht, anschaulich die Wucht der waltenden Kräfte vorgeführt.

Auf Wanderungen rund um den Rammelsberg kann man noch heute tiefer Einschnitte im Boden gewahr werden, die von den Erzloren stammen, die man ins Tal der Oker brachte, um die Verhüttung vorzunehmen. Die schweren Wagen schnitten tiefe Fahrrillen in das weiche Schiefergestein, sodass von Zeit zu Zeit der entstandene Mittelgrat weggehauen werden musste und ein Hohlweg entstand. Ab 1917 übernahm dann eine Schmalspurbahn den Erztransport, und auf dieser Bahntrasse kann man heutzutage ebenso entlangwandern. Das im Okertal von Andersen beobachtete Farbenspiel war also der Auswirkung der Verhüttungsprozesse zuzuschreiben. Er sah Schlacken, Abraumhalden und den Rauch der Kohlenmeiler. Längst sind Gräser und Wälder über diese Hinterlassenschaften gewachsen; ein Bild von den Gepflogenheiten können wir uns nur noch im hiesigen Museum machen.

45

Kehren wir also wieder zu den über Tage gelegenen Teilen des Bergwerks zurück. Durch die erhaltenen Anlagen, die fast alle für den Besucher zugänglich gemacht wurden, bekommt man einen genauen Einblick in das Förder- und Verhüttungswesen des 20. Jahrhunderts. In einem weiteren Museumsteil werden tausend Jahre Bergbaugeschichte anschaulich erklärt. Da vom Bergbau alle Lebensbereiche der Region berührt wurden, ist das alles ungeheuer spannend und so aufbereitet, dass man kein Ingenieurstudium braucht, um es zu verstehen. Für das ganze Gelände sollte man auf jeden Fall einige Stunden Besuchszeit einplanen, besser noch, man nimmt sich für diesen Tag nicht viel anderes vor. Seit den Jahren der Stilllegung wurden die Anlagen sukzessive in ein Museum verwandelt, das, wie im ersten Kapitel schon erwähnt, mit der Stadt Goslar zusammen zum UNESCO-Weltkulturerbe gehört. Den letzten »Hunt«, also Transportwagen voller Erzgestein, den man im Auftrag der Preussag AG am 30.6.1988 aus dem Rammelsberg holte, hat Christo, ein weiterer Goslarer Kaiserringträger, verhüllt; er ist, zusammen mit den Entwurfsskizzen, in der sogenannten Kraftzentrale zu besichtigen. Das Nebeneinander von Kunst und Maschinen in dieser Halle übt einen eigenen Reiz aus. Ihrer Funktion ledig, stehen die großen Siemens-Trommeln in ihrer eigenartigen Schönheit nun fast selbst wie Kunstwerke da, und das Auge folgt ihren Windungen und Verschraubungen wie einem ästhetischen Gebilde.

Überhaupt gibt es immer wieder überraschende Momente in diesem riesigen Museum. Ob es nun die Erklärung ist, warum das Bergmannshabit oft von grünen Hüten vervollständigt wird – das leitet sich von den moosgepolsterten Filzkappen her, deren grüne Farbe sich darin erhalten hat –, oder was die Bergmänner machten, wenn sie nicht mehr arbeiten konnten, weil sie verkrüppelt von Unfällen, zu alt oder zu schwach für die schwere Arbeit waren. Zum Beispiel konnten sie dann mit sogenannten Buckel-Bergwerken durch die Lande ziehen, das sind Miniaturbergwerke, die mittels kleiner mechanischer Bewegungen von geschnitzten Bergleuten und den Wasserrädern die Arbeitsweise der Bergwerke sichtbar machten. Diese Miniaturen wurden wiederum im Erzgebirge hergestellt, von Bergleuten, die ebenfalls nicht mehr unter Tage arbeiten konnten.

Nach dem Besuch leuchtet mir auch die folgende Äußerung von George Orwell ein, die sich zwar ursprünglich auf Kohlekumpel bezieht, aber ihre Gültigkeit genauso für die Kumpel, die das Erzgestein aus dem Berg holten, behält: »Im Kreislauf der westlichen Welt nimmt der Kumpel die zweite Stelle ein, gleich hinter dem Mann, der die Erde pflügt. Er ist eine Art dreckige Karyatide, auf deren Schultern fast all das getragen wird, was *nicht* dreckig ist.« (George Orwell: In einem Bergwerk. In: Ders.: Im Innern des Wals. Diogenes 1975, S. 63) Gleich muss ich an den zuvor besichtigten Krodo-Altar und an seine vier dunklen Träger denken, die den metallenen Kasten, der im farbigen Lichterglanz erstrahlt sein soll, auf ihren Rücken stemmen.

Sehen wir uns einen durchschnittlichen Gartenzwerg genauer an: Er trägt eine Mütze mit einem komischen Knubbel oben, Stiefel und oftmals ein Accessoire wie Schaufel, Spitzhacke oder Grubenlampe. Der Gartenzwerg ist nämlich eigentlich ein Grubenzwerg und nur eine der vielfältigen Erscheinungsformen einer sagenhaften Gestalt, die im Spätmittelalter in deutschen Gebirgsgegenden unterwegs war. Um 1500 war Venedig eine der reichsten Städte der Welt. Eine Ursache dafür war die Monopolstellung bei der Herstellung feinster Dinge aus Glas, eine andere die Verfügbarkeit des wichtigsten Zahlungsmittels: Gold. Die Rezepturen, mit deren Hilfe die weltbekannten Farbspiele des Glases und die Herstellung von Spiegeln gelangen, hütete man bis aufs Blut. Ihr Geheimnis war die Beimischung verschiedener Mineralien, die man jedoch in Venetien nicht finden konnte. Man schickte Sendboten über die Alpen, diese gelangten bis zu tausend Kilometer nördlich der Gebirgskette. Nach ihrer Herkunft wurden die Leute, die plötzlich in deutschen Gebirgen auftauchten, »Venediger« genannt. Sie gruben sich auf der Suche nach den Mineralen, die den venezianischen Reichtum sicherten, auch durch den Harz. Dass für diese Aufgabe kleinwüchsige Menschen prädestiniert waren, hatte den praktischen Grund, dass die Stollen, die sie in den Berg zu treiben hatten, nicht allzu groß sein durften. Es war ein höchst geheimes Unternehmen: Schließlich holten sie sich die Schätze aus einem fremden Land ab, ohne Erlaubnis oder Schürfrechte. Die Fremden regten die Phantasie der Harzer an, und es gibt einige Sagen und Legenden, die von dem Zusammentreffen mit den Venedigern berichten. So erzählt eine davon, dass ein Bergmann im Morgenbrodstal bei Schierke einen dieser Fremden beobachtete. Er trug seltsame Kleidung und tat Seltsames. Mit einem Sieb fischte er in einem Brunnen, und als er es heraufzog, war es voller Perlen. Der Fremde steckte sie in eine Tasche an seinem Gürtel, dann wusch er sich die Hände und sprach dabei:

Im Morgenbrodstal wasch ich mich,
In Venedigen drög' ich mich.

Daraufhin verschwand er, und der Bergmann war so neugierig, dass er auch seine Hände in dem Brunnen wusch und denselben Spruch aufsagte. Plötzlich befand er sich in einer fremden Stadt, in der die Menschen eine ihm unbekannte Sprache sprachen. Er sah den Fremden wieder, der ihn in sein Haus einlud. Das war prächtig, ganz aus Marmor gebaut und die Gerätschaften in ihm alle aus Gold und Silber. Der Fremde lud ihn zum Essen ein und dazu, die Nacht unter seinem Dach zu verbringen. Er erzählte, dass er den ganzen Reichtum aus dem Morgenbrodstal habe.

Am nächsten Morgen wusch sich der Bergmann und sagte dabei:

In Venedigen wasch ich mich,
Im Morgenbrodstal drög' ich mich.

Im nächsten Augenblick war er wieder zu Hause, und es stellte sich heraus, dass er nicht nur eine Nacht fortgeblieben war, sondern viele Jahre.

Die physische Realität des Berges und der in seinem Inneren verborgen lagernden Schätze hat jedoch noch eine besondere metaphysische Komponente. Und wie Thea Dorn es in ihrem Artikel »Abgrund« beschreibt, ist dies ein Aspekt der »deutschen Seele«: »Je mehr die deutsche Seele aber zerfranst und sich vom Diesseits abwendet, ohne auf den Trost im himmlischen Jenseits zu setzen, desto mächtiger zieht es sie zum unterirdischen Jenseits, zum Abgrund hin, in dem alles möglich scheint. Wer den Erdrücken als kalt und unwirtlich empfindet und den Himmel für eine allzu wolkige Utopie hält, der sucht sein (vermeintliches) Heil im Schoß der Erde. Die unentfremdete, wahre Heimat wandert in die Tiefe ab.« (Artikel »Abgrund« aus: Thea Dorn / Richard Wagner: »Die deutsche Seele«, S. 17)

Dieser Sehnsucht nach der Unter-Tage-Heimat der Seele ist es zu verdanken, dass das Bergwerk als Topos in der romantischen Literatur einen wahren Siegeszug antritt. Das hat allerdings auch einen ganz handfesten Grund: Viele derer, die dann als Autoren ihre Werke veröffentlichen, wurden, meist an der sächsischen Bergakademie in Freiberg, als Fachleute für den Bergbau ausgebildet. Das Studium der noch als »Geognosie« bezeichneten Geologie war en vogue, nach Freiberg kamen Studenten aus ganz Europa und sogar aus Amerika. Die Auseinandersetzung zwischen Neptunisten und Plutonisten um 1800 über die Entstehung der Gestalt der Erde war nicht nur ein Streit unter Spezialisten, sondern ein beliebtes Debattierthema der bürgerlichen Schicht. Zu dieser Zeit war in Deutschland in aller Regel nicht die schnöde Kohle Ziel der aufwendigen Arbeit unter Tage, sondern Erze und Edelmetalle, die durch ihre Farben und Gestalt eine besondere Anziehungskraft haben. Heute merkwürdig erscheinende Theorien von deren Entstehung und Wachstum machten die Runde. Der Abstieg in die unterirdische Welt war aber nicht nur berufliche Pflicht, sondern auch Gelegenheit, sich in eine metaphernreiche Schürfgrube zu begeben. Unter Tage gibt es eine eigene Arbeits- und Lebenswirklichkeit, und nicht zuletzt pflegen die Bergleute eine ganz eigene Sprache.

Im Landkreis Südharz-Mansfeld, nahe der Bergstadt Hettstedt, findet sich der Kupferberg, eine wichtige Abbaustätte des Kupferschiefers im Mansfelder Land. Im Mansfeld-Museum kann man sich darüber kundig machen, man kann mit der Mansfelder Bergwerksbahn fahren oder auf einem Pfad durch die merkwürdige Kegellandschaft der Abraumhalden wandern. Drei Kilometer entfernt steht das Stammhaus der Familie von Hardenberg. Dies ist der Geburtsort Friedrich von Hardenbergs, besser bekannt als Novalis. Das Schloss Oberwiederstadt ist inzwischen ein Museum und eine Forschungsstätte zu seinem Werk. Hardenberg hatte in Freiberg Bergbau und Geologie studiert und war anschließend als Bergbaubeamter tätig. Er war einer derjenigen Schriftsteller, die die Welt des Bergbaus literarisch verarbeiteten, besonders in seinem nachgelassenen Roman »Heinrich von Ofterdingen«. Ihm entstammt auch die berühmte blaue Blume, die Symbol für die ganze Epoche der Romantik werden sollte. Als Reminiszenz an den Erfinder der blauen Blume pflegt man am Schloss Oberwiederstadt einen blauen Garten, in dem es vom Frühling bis zum Herbst sechzig verschiedene Blaublütler zu bewundern gibt. Der besagte Roman enthält in seinem fünften Kapitel, dem »Bergbaukapitel«, die Beschreibung der magischen Unterwelt. Selbstverständlich ist hier der Bergbau keine knochenzermürbende Arbeit, sondern eine edle Sache, und so klingt das Lob des einfachen Bergmannes, von ihm selbst gesprochen, in seinen eigenen Hammerschlägen: »Wie ruhig arbeitet dagegen der genügsame Bergmann in seinen tiefen Einöden, entfernt von dem unruhigen Tumult des Tages. [...] Sein Beruf lehrt ihn unermüdliche Geduld, und lässt nicht zu, dass sich seine Aufmerksamkeit in unnütze Gedanken zerstreue. [...] Aber welches köstliche Gewächs blüht ihm auch in diesen schauerlichen Tiefen, das wahrhafte Vertrauen zu seinem himmlischen Vater, dessen Hand und Vorsorge ihm alle Tage in unverkennbaren Zeichen sichtbar wird. Wie unzähligemal habe ich nicht vor Ort gesessen und bei dem Schein meiner Lampe das schlichte Kruzifix mit der innigsten Andacht betrachtet! Da habe ich

erst den heiligen Sinn dieses rätselhaften Bildnisses recht
gefasst und den edelsten Gang meines Herzens erschürft,
der mir eine ewige Ausbeute gewährt hat.« (Novalis:
Heinrich von Ofterdingen: In: Ders.: Werke. Zweiter
Teil. Berlin, Leipzig, Wien, Stuttgart. Deutsches Verlags-
haus Bong & Co., o.J., S. 104) Als ich so weiterlese, entdecke ich neben dem Preis des Gottvertrauens und des
reinen Herzens auch noch Kritik am Privateigentum,
denn »Die Natur will nicht der ausschließliche Besitz eines einzigen sein. Als Eigentum verwandelt sie sich in ein
böses Gift…«. Klingt eigentlich wie ein Programm für
eine Christliche Union-Die Linke-Koalition, denke ich
und schaue mir mal das Wahlergebnis des Landkreises an.
Tatsächlich sind das die beiden stärksten Parteien hier. Damit wäre ja eindeutig bewiesen, dass das Südharzer Wäh-
lerbewusstsein in der deutschen Romantik verwurzelt ist,
und wir wissen jetzt, wie die Mansfelder ticken.

Nach der Brockenbesteigung im Jahr 1777 unternahm
Goethe noch drei weitere Harzreisen, die bis auf die letzte
im Jahr 1805 gut dokumentiert sind. Der zum Geheimen
Rat Ernannte reiste wiederum inkognito, inzwischen war
er ein berühmter Mann geworden. Der wirkliche oder
teils auch vorgeschobene Zweck dieser Reisen war eine
Inspektion des Bergbaus und einiger Gruben der Region,
da er als Bergkommissar auch für die heimische Grube bei
Ilmenau zuständig war. Diese stand seit Jahrzehnten unter Wasser, und Goethe wurde beauftragt, sie wieder in
Betrieb zu setzen. Das gelang zwar vorerst, aber ein neu-
erlicher Wassereinbruch machte die Arbeiten wieder zu-
nichte. Aber neben diesem Staatsgeschäft wollte Goethe
natürlich auch begreifen, was die Welt im Innersten zu-
sammenhält. Sein naturwissenschaftliches Interesse ist bekannt, naheliegenderweise schlug es sich auch im Bereich

der Geologie nieder, gerade zu einer Zeit, als die Theorien der Erdbildung in breiten bürgerlichen Schichten diskutiert wurden. Zur Erholung von den Leidenschaften des lebendigen Herzens, die er durchlebte und so erfolgreich beschrieben hatte, gönnte er sich eine Auszeit mit der toten Materie und arbeitete an seiner Abhandlung »Über den Granit«. In dieser heißt es, und es klingt, als säße er auf dem Brocken: »Auf einem hohen nackten Gipfel sitzend und eine weite Gegend überschauend, kann ich mir sagen: Hier ruhst du unmittelbar auf einem Grunde, der bis zu den tiefsten Orten der Erde hinreicht, keine neuere Schicht, keine aufgehäufte zusammengeschwemmte Trümmer haben sich zwischen dich und den festen Boden der Urwelt gelegt, du gehst nicht wie in jenen fruchtbaren schönen Tälern über ein anhaltendes Grab, diese Gipfel haben nichts Lebendiges erzeugt und nichts Lebendiges verschlungen, sie sind vor allem Leben und über alles Leben.« (Johann Wolfgang von Goethe: Werke. Band 13, Naturwissenschaftliche Schriften I. dtv. München 1998, S. 255) Goethe wurde eine Zeit lang auch die Bezeichnung des Harzes als einer »klassischen Quadratmeile der Geologie« zugeschrieben, nur konnte dies nie belegt werden. Der Harz ist für Geologen nämlich so etwas wie ein Lehr- und Schaugebirge. Bedingt durch seine erdgeschichtliche Entstehung, gibt es hier eine Vielzahl von geologischen und mineralogischen Phänomenen. Dies und deren Vorkommen auf einem vergleichsweise kleinen Raum führten zur erwähnten Bezeichnung. Besonders der westliche Nordharzrand ist bekannt dafür. Der Harz steigt im Norden jäh an, Folge einer tektonischen Bruchbildung, die unter anderem unter Goslar, Bad Harzburg usw. verläuft. Am besten, man stellt sich das Ganze wie eine Pultscholle vor, diese hat sich auf ihr Vorland aufgeschoben, dann wurde alles unter hohem Druck zusammengepresst, und so steht man manchmal vor senkrecht aufgerichteten Gesteinsschichten im Wald, die in ihrer ursprünglichen Bildung horizontal waren. Hier kann man alle Schichten der eurasischen Platte finden und so einen Einblick in die Erdzeitalter über 400 Millionen Jahre gewinnen. Vom Norden aus geht es auf die Hochebenen, die vom 150 Quadratkilometer großen Brocken-Granitmassiv dominiert werden. Nach Süden und Osten fällt der Harz sanfter ab und bildet am Südrand die verkarsteten Gips- und Kalklandschaften. Ein Effekt dieser geologischen Besonderheit ist der große Fossilienreichtum der Gegend. Kaum ein Stadt- oder Heimatmuseum, das ich besuche, in dem es nicht eine hübsche Sammlung von versteinerten Runzelkorallen, Trilobiten und Ammoniten gibt. Natürlich werden auch die vielen verschiedenen Minerale ausgestellt, schließlich hat der Bergbau sich ja durch den halben Harz gebuddelt. Die größte Ausstellung dieser Art kann man in der GeoSammlung der TU Clausthal bewundern. Sie beschränkt sich nicht auf Fundorte im Harz, hier kann man gleich die komplette Mineralogie anhand einer unübersehbaren Menge an Exponaten von Arsen bis Wismut erkunden. Die Farb- und Formenvielfalt ist sehr beeindruckend, es ist eine der umfangreichsten Sammlungen in Deutschland. Dass das Gebiet der Mineralogie so groß ist, wusste ich auch nicht: In einem Schaukasten mit der Überschrift »Rezente Bildungen« entdecke ich Gallensteine und Hühnereischalen. Ein Raum ist der geologischen Entwicklungsgeschichte des Harzes gewidmet. So erfährt man, wie die kleinen, rund geschliffenen Granitbrocken aus Småland in Südschweden in der letzten Eiszeit in den Harz gekommen sind und wie die Korallen, aus denen der Iberg bei Bad Grund entstanden ist.

Im paläontologischen Raum hat die studentische Spiellust ein bisschen überhandgenommen. Mittels selbst gebauter Modelle mit Kulleraugen veranschaulicht man die Größe von Flugsauriern, und neben den Knochenfundstücken stehen Spielfiguren in den Vitrinen, um dem Betrachter die Zuordnung zum Tier zu erleichtern. Dann entdecke ich noch einen Kasten, in dem Silbermünzen gezeigt werden. »Ausbeutetaler« steht drüber, und ich merke, dass ich immer noch eine Münze mit Ostprägung bin. Selbstverständlich denke ich bei Ausbeute sofort an die »historisch überwundene Ausbeutung des Menschen durch den Menschen«. Toll, dann haben sich die Bergarbeiter vielleicht ihr eigenes Geld geprägt, um dem ausbeuterischen der Grubenbesitzer und Harzgrafen zu entgehen. In Wirklichkeit ist mit diesem Wort natürlich die Ausbeute aus den Erzgruben gemeint. Den Teilhabern der Gruben wurde ihr Reingewinn in Form dieser grubenspezifischen Münzprägungen ausgezahlt. Meine Eintrittsmünzen an der Kasse der GeoSammlung werden von zwei Studenten entgegengenommen: einer Amerikanerin und einem Chinesen. Damit sind sie ziemlich repräsentativ, denn die TU Clausthal hat auch außerhalb Deutschlands einen guten Ruf. Rund ein Drittel der Studierenden kommt aus dem Ausland, wobei achtzig Nationen vertreten sind.

Die Waldhütte im Frühling

Es ist Mai, der Frühling kommt sehr spät in diesem Jahr, weil der Winter so lang war. Mit dem Zug fahre ich in den Harz. Unten im Ort kaufe ich auf dem Weg vom Bahnhof zur Hütte noch ein paar Lebensmittel. Mit einem Rucksack voller Konserven mache ich mich auf zu unserer Waldhütte. Das Paneel-Deckenproblem haben wir inzwischen gelöst, wir haben einfach den Staub beseitigt und den Originalzustand wiederhergestellt. Man kann sich auch an eine etwas flache Decke und ein voll verpaneeltes Häuschen gewöhnen. Vielleicht können wir uns ja im Außenbereich ein bisschen austoben. Auf dem Weg habe ich in der heimischen Gärtnerei ein paar Becher mit jungen Gemüsepflanzen besorgt. Wollen doch mal sehen, ob ich dem Grundstück nicht ein paar Nutzpflanzen abtrotzen kann. Ich will wenigstens versuchen, ein Beet anzulegen, das wird ein *survival of the fittest*, schließlich sind nur alle paar Wochen Menschen hier, die sich um die Pflanzen kümmern können. Wer dagegen immer da ist, sind Schnecken und das ganze andere Getier. Die Gärtnerin hat mir – alles in Form von kleinen grünen Keimen, ich muss ihr vertrauen – einen Blumenkohl, sechsmal Porree, viermal Sellerie, einmal Minze und zwei Gurken verkauft. Die Zucchinipflanze segnet schon auf dem Transportweg das Zeitliche.

Eine kleine Fleischerei liegt auf dem Weg nach oben; sie ist so überschaubar, dass sie mit sechs Leuten, die darin anstehen, schon voll ist. Ich setze meinen Rucksack ab, er wird doch ziemlich schwer. Die Fleischereifachverkäuferin hat mich bemerkt und ruft einen Holger zur Ordnung: »Lass doch mal die fremde Wandersfrau durch!« Und zu mir »Lassen Sie den Rucksack stehen, hier kommt nichts weg.« Ich darf mich an der Schlange vorbeiquetschen und kaufe aus Verlegenheit, ich habe gar keinen Plan, 200 Gramm Rinderhackfleisch, Bolognese geht immer.

Der Weg hinauf ist gesäumt von richtigen Wohnhäusern, sie liegen auch schon steil am Hang und tragen sogar Namen. Sie heißen Schauinsland, Bringfriede und Ingrid. Ein bisschen kenne ich mich ja mit dem deutschen Bestattungswesen aus, zumindest so weit, dass ich weiß, dass man seine geliebten Eltern nicht im Vorgarten bestatten darf. Es ist also anzunehmen, dass Isolde und Heinz nicht unter dem Stein, der ihren Namenszug trägt, in dem Vorgarten liegen, an dem ich gerade vorbeikomme. Wahrscheinlich wohnen Isolde und Heinz dahinter in dem Haus, und irgendeine Harzer Hexe hat sie geritten und ihnen eingegeben, sich so eine Art Grabstein als Zierde hinter ihren Zaun zu legen.

Nachdem ich tagsüber versucht habe, mich in der Hütte und auf dem Grundstück ein bisschen einzurichten, merke ich am Abend, wie schwer es ist, das Gemisch aus Baumharz und Nacktschneckenschleim wieder von den Händen zu kriegen. Ich hatte versucht, die Tierchen von den Treppenstufen, die die Wege auf dem Hanggrundstück bilden, abzusammeln. Mit dem Topfkratzer bin ich schließlich erfolgreich. Die Vorbesitzer haben inzwischen ein paar Möbel aus der Hütte geräumt, aber eigentlich sämtlichen Hausrat drinnen gelassen, sodass man sofort darin leben kann.

Am nächsten Tag kommen Bekannte vorbei und helfen mir, einige Hundert Liter Blumenerde aus dem Baumarkt herzuschaffen. Mein Vorhaben ist es, eine Art Hochbeet zu bauen. Mit dem neu erworbenen Spaten mit scharfer Kante mache ich den ersten Stich und hebe ein bisschen Erdreich aus. Zwischen zwei Baumstümpfen habe ich einen Platz gefunden, der sich für das Beetanlegen eignet. Die Baumstümpfe sollen als Anker dienen, um die Beeterde zu halten. Da das gesamte Grundstück abschüssig ist, muss ich irgendwie eine ebene Fläche schaffen. Unter der Grasnarbe ist ein extrem verdichteter Lehmboden. Ich fluche schon nach ein paar Spatenstichen, als es auch noch zu regnen anfängt. Das mit der Terrassierung des Grundstückes würden wir nur mit einem Minibagger hinkriegen, soviel ist klar. So schnell will ich allerdings nicht aufgeben. Ein kleines Beet, nur so, um selbst was anzubauen, muss doch auch so hinzukriegen sein. Ich hebe einen kleinen Graben aus, um in ihm die Begrenzung des Beets zu verankern, dafür habe ich Stücke von Birkenstämmen vorgesehen, die hier als Brennholz lagern, und alte Bretter, die ich aus den drei Schuppen zusammensuche, die zu der Hütte gehören. Ich nagele die Bretter an die Baumstümpfe und dichte den Rest mit den zersägten Birkenstämmen ab. Der Regen treibt die Regenwürmer nach oben. Ich versuche, so wenige wie möglich mit dem Spaten zu zerhacken, denn sie sind bestimmt die einzige Chance, den Boden ein wenig aufzulockern. Ich brauche zwei Tage, um eine halbwegs feste Konstruktion aus den Stammstücken und den Brettern herzustellen, alles geht langsam voran. Schließlich steht eine Art Rahmen, und ich fülle zuletzt die Säcke mit der Blumenerde auf und setze die Pflänzchen in ihr neues Zuhause. Es scheint zu halten. Ich schmiere noch eine stinkende braune Brühe als Wetterschutz auf die Bretter und Stämme, damit sie sich nicht gleich wieder zersetzen, wie es ihr organisches Sein befiehlt. Am Ende des zweiten Tages komme ich mir vor, als hätte ich eine ganze Stadt gebaut. Jetzt ist es auch mein Territorium, jetzt habe ich hier eine winzige zweite Heimat. Seelenruhig schlafe ich ein.

Am nächsten Tag ist »Herrentag«, und nachdem ich im vorigen Jahr die Dummheit begangen hatte, an diesem Tag in einem Zug unterwegs zu sein, beschließe ich, in der Hütte und hinter dem Zaun zu bleiben. Die Herren im Zug hatten nach einer Kiste Bier und einer Flasche Schnaps die Tendenz zur Zugzerstörung gezeigt, Zugpersonal inbegriffen. Schon vormittags tröten unten im Ort Instrumente unbestimmbarer Herkunft, und ich versuche, zwischen den Kirschblüten im unter mir liegenden Garten etwas zu erspähen. Die Herrentagsfolklore ist hier offenbar genau dieselbe wie überall. Aber die Sonne scheint, und ich freue mich darüber, dass unsere Hütte an einem abgelegenen Weg liegt. Überhaupt habe ich jetzt zum ersten Mal Zeit, mich hier genauer umzusehen, alles scheint nach dem sechsmonatigen Winter in sein Farben- und Lebensrecht gesetzt zu werden. Das junge Grün sprießt aus dem Boden und an den Eichen, gelbe und blaue Blüten stehen überall an den krautigen Gewächsen, die ich noch nicht benennen kann. Auch die Insekten sind erwacht. Sie fliegen um mich herum und sind so groß, dass sie in anderen Ländern bestimmt Kolibri heißen würden. Die Vögel jagen sich in Paarungslaune im Tiefflug durch die Eiben und Tannen. Als ich aus dem Schuppen einen Fuchsschwanz holen will, um einen Holunderbusch, der mir die Sicht versperrt, abzusägen, sehe ich eine Wespe, die an der Decke des Schuppens gerade den zweiten Ring ihres papiernen Baus anlegt. In dem filigranen Gebilde sitzen schon kleine Larven. Das merke ich, als ich es zerstöre, denn so ein Nest kann ziemlich lästig werden. Irgendwie scheint es keinen Quadratzentimeter zu geben, auf dem es nicht kreucht und fleucht. Immer wieder halte ich inne, um die Ruhe zu genießen, das ist ein so schöner Zustand, wenn man seit Jahrzehnten in der Großstadt wohnt und an ein gewisses Grundrauschen gewöhnt ist. Gerade als ich es mir auf dem kleinen Terrassenplatz gemütlich gemacht habe, geht unten im Ort die Feuerwehrsirene los, aber im näheren Umkreis sehe ich keinen Rauch aufsteigen. Vielleicht nur ein Probealarm. Oder Herrentagsproblematiken. Egal, alles ist weit weg, Problematiken, die kleine Stadt und die große Stadt. Morgen kann ich weiter den Harz erkunden.

George Clooney war hier

Zuerst höre ich dieses Brummen, das sich zu einem Dröhnen steigert. Es ist ungewohnt laut in den Altstadtgassen von Goslar. Ich biege um eine Ecke, und da kommt das Bild zum Ton angefahren: Voll besetzte Laster und Jeeps in militärischen Tarnfarben donnern durch die Straßen. In den Fahrzeugen sitzen amerikanische Soldaten. Was ist passiert? Ich hatte zwar schon immer einen festen Schlaf, aber dass ich dramatische Entwicklungen in der Weltgeschichte verpasst habe, kann ich mir nicht recht vorstellen. Überall stehen Menschen an abgesperrten Straßen, sie jubeln den Insassen zu. War ich vielleicht in einer Zeitschleife gefangen? Ein Mann dreht sich gnädigerweise kurz zu mir um, als ich versuche herauszubekommen, was hier los ist. »Gestern habe ich ihn sogar gesehen!« Mein Blick wird nicht gerade klarer. »Na, Clooney, Mensch!« Aha, ich habe also keinen Traum, sondern kann hier der Traumfabrik bei der Arbeit zusehen. Endlich haben die Redakteure der *Mitteldeutschen Zeitung* mehr zu berichten als von fehlenden Feuerwehrhydranten, denn George Clooney dreht im Harz den Film »The Monuments Men«. Die Crew bedient sich der intakten Altstädte des Harzes als Kulissen, um eine Geschichte fürs Kino zu erzählen, die von Soldaten und Kunstexperten am Ende des Zweiten Weltkrieges handelt, die die von den Nazis in Stollen eingelagerten Kunstschätze aufspüren sollen. Das bleibt natürlich nicht ohne Auswirkung auf das Harzer Leben. Die Hälfte der Bevölkerung einer Kleinstadt stellt sich stundenlang an, um als Statisten mitwirken zu dürfen. Wohlgenährte werden von den Assistenten gleich aussortiert, wir befinden uns schließlich im letzten Kriegsjahr. Manche versuchen, mit neuen Haarschnitten im Stile ihrer Großväter und Großmütter den gefragten 1940er-Jahre Look zu verstärken.

Fast jeden Tag berichtet die Lokalpresse Denkwürdigkeiten wie »George Clooney putzt die Fensterscheibe seines Jeeps vor dem Dreh selbst!« oder »George Clooney feiert seinen Geburtstag in Wernigerode und geht beim Asiaten essen!«. Unfassbar! Doch es gibt auch richtig praktische Tipps: Der Halberstädter Küster empfiehlt George Clooney, sich beim Dreh im Dom warme Socken anzuziehen, denn der Dom ist nicht nur für seinen Schatz, sondern auch für seine Fußkälte bekannt. Das deutsche Feuilleton kann sich natürlich nicht mit diesen provinziellen Klatschnachrichten aufhalten, ein Autor versucht eine empörte Debatte über George Clooneys geschichtsklitternde Machenschaften – »es war alles ganz anders!« – loszutreten. Es führt zu nichts, kein Mensch erwartet schließlich harte Fakten in einem Hollywoodfilm. Der Halberstädter Dom zum Beispiel tritt auch nicht als Halberstädter Dom auf, er hat die Rolle der Kathedrale von Gent übernommen. Auch dieser Tross wird weiterziehen, der Halber-

| 62

städter Dom allerdings steht schon lange auf meiner Besichtigungsliste, und so fahre ich in die Stadt, mit extra dicken Socken.

Ich gehe zum Dom St. Stephanus und Sixtus, vom leeren lang gezogenen Domplatz aus kommend, um den herum die Reichen der Stadt einstmals ihre Häuser gebaut haben. Direkt vor dem Hauptportal war die Sammelstelle der Halberstädter Juden zur Deportation, ein Steinstelendenkmal erinnert daran; es sieht aus wie ein unregelmäßiges Modell des Berliner Holocaust-Mahnmals. Als ich den Dom betrete, hängt ein Ton wie Tinnitus in der Luft. Eine Dame steht vor mir an der Kasse und fragt: »Ist das John Cage?« Auch ich hatte schon von seinem Werk »Organ2 / ASLSP« gehört, welches »as slow as possible« in der Stadt aufgeführt werden soll. Die Anweisung des Komponisten nimmt man hier so ernst, dass das Ende des Stücks für das Jahr 2639 zu erwarten ist. Die Frau an der Kasse antwortet der davor wartenden etwas unwirsch: »Nein, der ist in der Buchardikirche. Hier wird nur die Orgel gestimmt. Seit gestern«, fügt sie mit einem genervten Seitenblick nach oben hinzu. Begleitet von schwankenden, an- und abschwellenden Tönen, die die Stimmer durch Zurufe wie »Gib mir ein C!« zu justieren versuchen, sehe ich mir den gotischen Prachtbau an. Während meiner Besichtigung, die zugegebenermaßen wegen der Orgelstimmerei ziemlich kurz ausfällt, erfahre ich, dass der Dom für die Cage-Aufführung die erste Wahl gewesen sei, man aber doch ausgewichen sei, denn sonst hätte die Aufführung ja 639 Jahre den Gottesdienst gestört.

Die angeschlossene Ausstellung zeigt den Domschatz und ist grandios. Das liegt natürlich zum einen daran, dass der Domschatz in seiner Fülle und Vielfalt einzigartig ist – es handelt sich um den umfangreichsten mittelalterlichen

Kirchenschatz, der am Ort seiner Nutzung erhalten geblieben ist –, zum anderen an der Präsentation. Sie folgt der Funktion, die die Kunstwerke in den Gottesdiensten innehatten. Zustande gekommen ist diese großartige Sammlung in mehreren Schritten. Zunächst sorgte im 9. Jahrhundert Bischof Hildegrim dafür, dass Reliquien des heiligen Stephan, der als Dompatron auserkoren war, nach Halberstadt kamen. Eine große Erweiterung des Schatzes erfolgte durch den Bischof Konrad von Krosigk, der im Jahre 1205 vom 4. Kreuzzug zurückkehrte, bei dem Konstantinopel erobert wurde. Mit sich führte er seine Beute, die in einem großen Umzug durch die Stadt zum Dom getragen wurde. Eine repräsentative Sammlung von Reliquien war nicht nur wichtig für das Seelenheil des Herrschers, sie war auch ein wirtschaftsentscheidender Faktor. Je spektakulärer und prächtiger die Stücke, desto mehr Pilger lockten sie an und füllten die Kasse des Doms. An hohen Feiertagen wurde der Schatz den Gläubigen präsentiert.

In einem der ersten Säle hängen der Abraham-Engel-Teppich und der Christus-Apostel-Teppich, die früher die Domwände schmückten. Sie sind die ältesten gewirkten Bildteppiche Europas und wurden etwa um 1150 im Harzvorland geschaffen. Im Kapitelsaal sind verschiedene Altarbilder ausgestellt, hauptsächlich und der Sache gemäß Darstellungen der Kreuzigung Jesu, am prächtigsten der Flügelaltar von Johannes Raphon. Aber auch Motive mit Seltenheitswert findet man hier. Zum Beispiel zwei Bildtafeln, die zwei Stationen des Martyriums der heiligen Euphemia zeigen. Man sieht die Betende einmal unverdrossen zwischen riesigen Felsbrocken knien und einmal, wie sie zwischen zähnefletschenden Bestien und Lanzen beseelt und unverletzt bleibt. Euphemia ist nicht die Heilige der Schönrednerei, wie ich Heide erst dachte, wegen der Nähe zum Euphemismus, sondern eine Märtyrerin, die vor allem in der orthodoxen Kirche verehrt wird – »die mit dem schönen Ruf«, könnte man den Namen übersetzen. Daneben gibt es Kurioses wie die filigran geschnitzten Flügel aus bemaltem Holz, die man mit einem Lederriemen anschnallen konnte, um bei einer Prozession oder dem Osterspiel einen Engel zu verkörpern. Mumifizierte Finger, Schädeldecken, Knochen- und Holzreste, blutige Stofffetzen – die für die mittelalterliche Frömmigkeit zentralen Reliquien sind zwar heilig, aber nicht so schön anzusehen. Also wurden sie in kostbarste Materialien gefasst, und so ragen einem in der Schatzkammer goldene Unterarme entgegen, edelsteingefasste güldene Kästchen mit elfenbeinernen Schnitzereien und allerlei Glitzerzeug sowie Fläschchen aus Bergkristall. Die verschiedenen Aufbewahrungsgegenstände der Reliquien heißen Reliquiare, und diese Reliquiare wiederum wurden in einem eisenbeschlagenen Heiltumsschrank, den man ebenso bewundern kann, verwahrt. Die Ausstellung, die den einzelnen Liturgiebereichen folgt, endet mit einem großen Textilsaal, der so düster ist, dass man erst mal die Sonnenbrille abnehmen will. Aber ich habe ja gar keine auf. Natürlich dient die Dimmung dem Schutz der empfindlichen alten Gewänder, die für den Gottesdienst aus kostbaren Stoffen in höchster handwerklicher Qualität angefertigt wurden.

Ich finde etwas benommen von all der Pracht wieder aus dem Dom und meine träge Pupillenadaption ans Tageslicht lässt mich ein wenig taumeln. Ein Wegweiser gleich neben dem Gotteshaus will mich zum Gleim-Haus führen. Aber ganz ehrlich, das verkrafte ich jetzt nicht mehr. Stattdessen denke ich, dass ich mir nach den ganzen sakralen Wunderwerken mal etwas richtig Profanes verdient habe: Wer hat nicht schon von den Halberstädter Würstchen gehört? Am Domplatz ist gleich ein Restaurant, natürlich finden sich nur Pasta, Ratatouille & Co. auf der Karte. Ich schaue auf die Homepage von den Würstchen, aha, sie haben die Wurst in der Dose erfunden und werben mit dem Slogan »Alles was Mann gern isst«. Das erste finde ich gut, das zweite befremdlich. Sogleich fühle ich mich ausgeschlossen, mal sehen, ob sich das bei mir derart abspeichert, dass ich beim nächsten Supermarktbesuch einen Bogen um die Bockwurstgläser mache.

Hier jedenfalls lande ich bei Gnocchi mit Pesto, bekanntermaßen eine Ur-Harzer Spezialität.

Fachwerk und Kunstwerk II: Quedlinburg

Während Halberstadt noch im Harzer Vorland liegt, nähert man sich dem Gebirge in Quedlinburg schon bis auf wenige Kilometer an. In der Altstadt von Quedlinburg fühlt man sich in eine andere Zeit zurückversetzt. Über 1300 Fachwerkhäuser, fast alle sachkundig restauriert, bilden ein circa achtzig Hektar großes Flächendenkmal im Inneren der mittelalterlichen Stadtbefestigung. Man sollte sich auf jeden Fall zu Fuß auf Entdeckungstour machen, das Gassengewirr ist so am besten zu erkunden und bewundern. Jede Menge Cafés bieten Erfrischungen und ein üppiges Kuchenangebot. Ausgangspunkt der Stadtentwicklung war im 10. Jahrhundert, wie so oft in der Region, die Anlage der Königspfalz mit ihren Repräsentations- und Wirtschaftsgebäuden, die sich an den Schlossberg schmiegen. Seit der Sachsenherzog Heinrich 919 zum König gewählt wurde, ließ er den Schlossberg und den vorgelagerten Münzenberg ausbauen. Einer Sage zufolge war er gerade auf Vogeljagd, als er die Nachricht seiner Wahl bekam. In der Altstadt erinnert der Straßenname Finkenherd an diese Episode. Es ist zwar nicht gesichert, wo dieser Jagdort lag, die Quedlinburger gehen aber davon aus, dass dies bei ihnen geschah.

Die erklärte Lieblingspfalz Heinrichs wurde 936 auch zu seiner Grabstätte. Um sein Seelenheil zu sichern, gründete seine Witwe Königin Mathilde ein Frauenstift, das über 900 Jahre Bestand haben sollte. Auf den imposanten Sandsteinfelsen, die einen natürlichen Schutzwall bilden, wachsen die hohen Mauern der Anlage empor. Wenn man über den ansteigenden Kopfsteinpflasterweg und den Torbogen auf das Gelände von Schloss und Stiftskirche St. Servatii gelangt ist, verschafft man sich am besten erst einmal einen Überblick über die Stadt, die sich zu Füßen des Schlossbergs ausbreitet. Gute Orientierung bilden dabei die Kirchtürme und ein etwas verblichenes Schild auf der Schlossterrasse, das dem Panoramablick die Namen der wichtigsten Landmarken hinzufügt.

Ich habe den Eindruck, dass das die Stadt im Harz ist, in der man die meisten ausländischen Touristen trifft. Im Innenhof, zwischen Stiftskirche und Schloss, laufen mir in wenigen Minuten Amerikaner, Italiener und Japaner über den Weg. Bei ihren Nachfragen an den Reiseführer wird klar, dass es nicht nur die pittoreske mittelalterliche Fachwerkschönheit ist, die sie in die Stadt zieht. Mit besonderem Interesse begegnen sie der Stiftskirche, in der die SS 1936 die geplante Tausend-Jahr-Feier der Grablegung von Heinrich I. an sich riss und Heinrich Himmler als legitimer Nachfolger des Königs inszeniert wurde. Die Kirche wurde im Nachgang zu der Feier komplett entweiht, und Himmler widmete Schloss und Stiftskirche zur »Heinrichsburg« um. Erst nach der Befreiung konnte am

3. Juni 1945 wieder der erste Gottesdienst gefeiert werden. Die amerikanischen Touristen bekommen eine Führung in Englisch und sehen sich mit wohligem Grusel um. Ein Volk, das einem mörderischen Wahnsinn verfallen kann, ist touristisch immer interessant. Die dreischiffige romanische Basilika mit starken lombardischen Elementen in der Innengestaltung wurde von den Nazis als eine Art Bühne benutzt. Breite Treppen führen zum Hohen Chor, darunter kann man durch ein gitterbewehrtes Portal einen ersten Blick auf die Krypta werfen. Nach dieser Geschichte gibt es eigentlich keinen in der Besichtigungsgruppe, der nicht in seiner Vorstellung das schöne moderne Kreuz und den Altar gegen große Hakenkreuz- und SS-Banner austauscht. Im ottonischen Kellergewölbe des angrenzenden Museums kann man noch die Überreste dieser üblen Dekoration besichtigen: ein zersprungener Gipsadler, der ein Hakenkreuz in seinen Fängen hielt. Er war vor einem Kirchenfenster montiert. Große Leuchter, die für die mystischen Momente der Naziinszenierung sorgen sollten, liegen auf dem Boden. Der Gewölbekeller diente übrigens zu DDR-Zeiten, natürlich ohne den Nazikrempel, als atmosphärische Nachtbar.

Aus einem nicht ganz nachvollziehbaren Grund muss man für die Krypta 1,50 Euro extra bezahlen, sie wird dann stündlich aufgeschlossen. Reste romanischer Fresken sind zu sehen, die Königsgräber von Heinrich I. (ohne Gebeine) und seiner Frau Mathilde (mit Gebeinen). Grabplatten mit den Abbildern verschiedener Äbtissinnen lehnen an den Wänden; es riecht muffig. Das ist es, was von den großen Reichen übrig bleibt: ein Haufen Steine und dieser Geruch – da soll man sich nichts vormachen.

Der Quedlinburger Kirchenschatz ist nicht ganz so reichhaltig wie der Halberstädter, aber natürlich in jedem

Fall sehenswert. Er wird in der Kirche präsentiert und ist erst seit rund zwanzig Jahren wieder komplett. Anfang der 1990er-Jahre tauchten wesentliche Teile des Schatzes, die man schon verloren geglaubt hatte, auf dem Kunstmarkt auf. So kam man auf die Spur des texanischen Soldaten Joe Tom Meador, dessen Erben die Kunstschätze nun zu Geld machen wollten. Der Soldat hatte nach dem Zweiten Weltkrieg die geraubten Stücke einfach per Feldpost nach Hause geschickt. Jahrelang verhandelte die Quedlinburger Kirchengemeinde mit den Meador-Erben. Schließlich einigte man sich auf einen Vergleich mit dem Resultat, dass die wertvollen Schätze heute wieder der Öffentlichkeit zugänglich sind. Zu den reich geschmückten Prunkstücken des Schatzes gehören das Samuhel- und das Otto-Adelheid-Evangeliar, ein Reliquienkasten von Heinrich I. und einer von Otto I.

Zwei eher kleinere Figuren werden von dem Prunk fast überdeckt, lohnen aber die Betrachtung. Es gibt ein kleines, aus Silber getriebenes Reliquiar des heiligen Laurentius. Er liegt, die Hände verschränkt haltend, als Figürchen auf einem Feuerrost. In diese plastische Darstellung seines Feuermartyriums ist in seinem Rücken eine kleine Kammer eingearbeitet, dort sind seine Reliquien eingelassen. Und an der Tür des Nordportals ist ein hübsches Detail zu finden: Die Klinke wird durch ein Tier gebildet; es reckt sich hoch wie ein Hund zu seinem Herrchen, hat aber einen Ringelschwanz und eine Schweineschnauze – es ist ein Schweinehund. Die Stiftskirche erfährt in letzter Zeit eine eher unterhaltsame Nutzung: In ihr wird, bespielt vom Nordharzer Städtebundtheater, Umberto Ecos »Der Name der Rose« aufgeführt. Geplant ist eine jährliche Wiederaufnahme in den letzten Juliwochen.

Im gegenüberliegenden Museum in den Schlossräum-
lichkeiten kann man sich dann ausführlich über die Stadtgeschichte informieren, beginnend bei der Frühge-
schichte. Einzelne Aspekte werden besonders herausgestellt
und in einem größeren Rahmen dargestellt, etwa die Hei-
ratspolitik der hiesigen Herrscherdynastien und die
Gepflogenheiten des Reisekaisertums, die ja für die ganze
Harzregion prägend sind. Hier erfährt man unter anderem, dass es für die Bevölkerung ein durchaus zwiespälti-
ges Vergnügen war, wenn ihr Wohnort als Kaiserpfalz auserkoren wurde. Die Damen und Herren des Hofstaats
mehrten nicht nur den Ruhm des Ortes, sie hinterließen
vor allem leere Vorratskammern und Ställe, sodass manchen Zeitgenossen der Vergleich mit der apokalyptischen
Heuschreckenplage einfiel.

Das Schloss diente bis ins 19. Jahrhundert den Äbtissinnen und Stiftsdamen als Wohngebäude. Einige der Räume
sind als Schauräume verschiedener Epochen hergerichtet.
Man kann durch die Zimmerfluchten wandeln und gleichzeitig den Ausblick auf die Stadt genießen. Als Kuriosum
gibt es in der Ausstellung den Raubgrafenkasten zu
bestaunen: ein grob zusammengezimmertes, transportab-
les Verlies aus Holzbohlen, zusammengehalten von riesigen Eisenbeschlägen, die ihn ausbruchs- und aufbruchs-
sicher machen sollten. Durch ein Guckloch konnte man
den Delinquenten sehen. Der berühmteste unter ihnen
war, der Legende nach, der Regensteiner Graf Albrecht II., der, nach einem Angriff auf die Stadt 1337 von
den Stadtbürgern geschlagen und gefangen genommen,
in ebendiesem Kasten vorgeführt wurde.

Auf dem Vorplatz des Schlossbergs gibt es Cafés, in
denen sich gut Besichtigungspause machen lässt. Eines ist
für seine Käsekuchen berühmt; ein kleiner Backofen im

Dauerbetrieb steht im Durchgang des Fachwerkhauses und bläst die verführerischen Düfte des Backwerks über den Platz, sodass nur Hartgesottene daran vorbeigehen können. Neben den Cafés befindet sich gleich das Klopstock-Haus, und mir ist es tatsächlich gelungen, hineinzukommen. Bei meinem letzten Besuch hatte noch ein Schild über eine halbjährige Schließzeit informiert. Es war aber auch Winter.

Klopstock gilt ja als Wegbereiter der freien Rhythmen in der Dichtung, als Schöpfer der »Erlebnisdichtung«, kurz: als wichtiger Impulsgeber der deutschen Literatur auf dem Weg zum Sturm und Drang. Doch schon Lessing bedichtete sein Schicksal folgendermaßen:

> Wer wird nicht einen Klopstock loben?
> Doch wird ihn jeder lesen? – Nein!
> Wir wollen weniger erhoben
> und fleißiger gelesen sein.

Ich fürchte, selbst unter eingefleischten Germanisten hat sich das über die letzten zwei Jahrhunderte nicht wesentlich gebessert. Auch ich gehe durch das Haus und erfahre etwas über den verdienstvollen, aber vergleichsweise wenig rezipierten Schriftsteller, dessen Werk den Weg für die Heutigen bahnte, der aber den Heutigen merkwürdig verschlossen bleibt. Aber man kriegt nicht nur Klopstock in diesem Haus. Man bekommt eine Wundertüte an verstorbenen Leistungsträgern der Quedlinburger Gesellschaft. Der Mann an der Kasse erklärt mir, wo wem welcher Raum gewidmet ist. Ich komme mir vor wie bei der Rateshow »Ich trage einen großen Namen«, die die Robert-Lemke-Zeit von »Was bin ich« konservatorisch in die Fernsehneuzeit überträgt. Die prominenten Verstorbenen sind etwa vom gleichen Kaliber: Frau Erxleben, die erste deutsche promovierte Ärztin, Herr GutsMuths, der Erfinder des Sportunterrichts, Herr Steuerwaldt, ein Maler der Romantik. Herr Ritter, der Begründer der wissenschaftlichen Geografie, erlebte in Berlin die Höhen seiner Karriere, eigens für ihn wurde ein Lehrstuhl für das neue Fach geschaffen, und Hörer wie Karl Marx und Otto von Bismarck ließen sich von ihm unterrichten. Das kleine Fachwerkhaus ist vollgestopft mit Urkunden, Handschriften, aufgeschlagenen Büchern, Bildern und Schautafeln – es gibt hier sehr viel zu lesen, und geduldig krümme ich den Rücken über den Vitrinen. Entspannung findet das angestrengte Auge ein paar Schritte weiter. Gleich hinter dem Klopstock-Haus befindet sich ein Tordurchgang, durch den man in die Lyonel-Feininger-Galerie gelangt. Den Grundstock für die Ausstellung legte der Sammler Dr. Hermann Klumpp, der Feininger 1930 am Bauhaus Dessau kennenlernte. Die Sammlung umfasst vor allem das druckgrafische Werk des Künstlers sowie Aquarelle und Federzeichnungen, die in der Galerie präsentiert werden. Ergänzt wird das Programm von wechselnden Ausstellungen moderner Kunst. Da die eng befreundeten Familien des Künstlers und des Sammlers mehrere Sommer gemeinsam an der pommerschen Ostsee verbrachten, erklärt sich auch die gebirgsfremde Motivik vieler ausgestellter Werke: Dampfer, Drachen, Segelschiffe, Dünenlandschaften überwiegen. 1937 musste Feininger als »entarteter« Künstler in die USA emigrieren, und sein Freund Klumpp organisierte die Spedition der Werke nach New York, wobei circa sechzig Ölbilder über seine eigene Sammlung hinaus in seiner Obhut in Quedlinburg verblieben. Diese rettete er durch die Nazizeit und die DDR-Zeit. Da die DDR zunächst kein Interesse am »bürgerlich dekadenten« Maler zeigte, präsentierte Klumpp die Bilder in seiner Privatwohnung interessierten Besuchern. Schlagartig erwachte jedoch das Interesse der Behörden, als der Nachlassverwalter nach dem Tod von Feiningers Witwe 1970 den Wert der verbliebenen Gemälde hoch bezifferte. Nach langer gerichtlicher Verhandlung und diplomatischen Verwicklungen zwischen den Systemfeinden des Kalten Krieges wurden 1984 den Erben Feiningers 49 Gemälde ausgehändigt. Mittlerweile hatte sich auch das offiziöse Klima in der DDR gewandelt, und die Erkenntnis, welchen Schatz der modernen Kunst man mit dem Bauhaus und dessen Meistern beherbergte, gipfelte 1986 nicht nur in der Neueröffnung des Dessauer Bauhauses, sondern eben auch in der Eröffnung der Feininger-Galerie in Quedlinburg. Im Jahr darauf verstarb der Feininger-Freund und Sammler Dr. Klumpp.

Auch in die Rubrik »Söhne der Stadt« fällt ein Mann, der es trotz dieser Herkunft ins Showbusiness geschafft hat. Ab und an erinnert er die Leute daran, dass das Leben im Osten nicht nur das der Anderen war, die in Weissensee lebten und den ganzen Tag gegen Stasi-Oberste in den Bruderkampf ziehen mussten. Sein Name ist Leander Haußmann, dem wir die Komödien »Sonnenallee« und »NVA« verdanken. Nun ist Herr Haußmann zum Glück noch sehr lebendig, und darum wird es wohl auch noch ein ziemliches Weilchen dauern, bis er eine Gedenkstätte in dieser Stadt bekommt.

Geht man vom Schlossberg wieder herunter, kommt man in den Bereich, der für den Besucher im ersten Augenblick etwas verwirrend als »Neustadt« bezeichnet wird. Es handelt sich um ein Stadtgebiet, das sich ab etwa 1200 rund um die Nikolaikirche herausbildete und auch gegen die »alte« Stadt abgrenzte. Teile dieser Stadtmauer und Türme sind noch gut erhalten, und anhand der Benennung kann man sich oft die frühere Nutzung ableiten: So kann man auf einem Spaziergang den Schweinehirtenturm und den Gänsehirtenturm entdecken. Diese Neustadt wuchs unter anderem deshalb heran, weil die Bauern der umliegenden Dörfer sichere Quartiere suchten. Hinter der neuen Stadtmauer war man vor Überfällen und Plünderungen geschützt und konnte dennoch die Felder der Umgebung bewirtschaften. Denn die wirtschaftliche Grundlage der Könige, Kaiser und Äbtissinnen, die hier residierten, bildete die Abgaben auf die Erträge der fruchtbaren Böden im Urstromtal der Bode. In der Mitte des 19. Jahrhunderts, als sich anderswo die Industrialisierung durchsetzte, waren Saatgutbetriebe die stärkste Wirtschaftsmacht der Gegend, angeführt von der Firma Dippe als weitaus größtem Betrieb Quedlinburgs. Man spezialisierte sich auf die Zucht von Gemüse- und Blumensamen und gelangte damit schon zu »Weltniveau«, lange bevor der VEB Saat- und Pflanzgut das von sich behaupten sollte.

Außerdem wurde noch die boomende Zuckerproduktion mit Zuckerrüben beliefert, womit sich ein gewisser Wohlstand erreichen ließ. Geblieben sind die Felder und Obstgärten, die die Hänge des nördlichen Harzvorlandes zum Frühjahr mit ihrem Blütenteppich überziehen. Und ja, auch wenn es wie ein Klischee klingt: Im Sommer fährt man an goldenen, wogenden Roggenmeeren vorbei, im Winter sind die sanft geschwungenen Hügel der Felder im Schnee erstarrt, und hungrige Krähen kreisen über ihnen. Was einem auffällt, ist, dass der Charme des Städtchens auch in heutiger Zeit lebendig geblieben ist. Das ist zu einem nicht geringen Teil dem Umstand zu verdanken, dass ein Großteil seiner Bevölkerung innerhalb der

Alt- (und Neu-)stadt lebt. Zwar können die bis zu 700 Jahre alten Häuser in Sachen Platz und Komfort nicht mit den Gründerzeitbauten mithalten, die um den alten Ortskern herum gebaut wurden, dafür lebt man traditionsbewusst und ist stolz auf den Weltkulturerbe-Status. Die Uhr im Quedlinburger Bahnhof steht übrigens, seit ich sie hier vor ein paar Jahren zum ersten Mal bemerkte, auf 9.30 Uhr. Aber ich habe Hoffnung. Nicht mehr lange, nur noch 923 Jahre, dann steht die 2000-Jahresfeier der Grablegung Heinrich I. an. Und bis 2936 ist es der DB vielleicht gelungen, den Bahnhof mal so richtig aufzumotzen. So mit Uhr und Klo.

Am nordöstlichen Harzrand entlang

Etwa sechs Kilometer von Quedlinburg entfernt liegt
Gernrode, ein eher unscheinbares Örtchen, das der nor-
male Harzreisende wohl übersieht, und doch gibt es auch
hier Bemerkenswertes. Verwundert steht man in dieser
urdeutschen Landschaft plötzlich vor einem fremd anmu-
tenden und strahlenden Sakralbau: der Stiftskirche St.
Cyriakus. Es handelt sich um ein bedeutendes Zeugnis
der Frühromanik und der ottonischen Architektur. Die
schlichten und harmonischen Proportionen des Baus sind
von außen am besten vom kleinen Klostergärtchen aus zu
sehen. Im Inneren wird die Kirche durch zwei quadrati-
sche Mittelschiffwände gegliedert. Über den Erdgeschoss-
arkaden sind die einzigen ottonischen Langhausemporen
Europas angeordnet. Man meint überall, den Einfluss des
byzantinischen Kulturkreises zu sehen – es wird vermutet, dass dieser auf Theophanu zurückgeht, die Gemahlin
des Kaisers Otto II., die er nach der Heirat in Rom 972
mit hierher brachte. Theophanu kann man sich als eine

Art royales It-Girl vorstellen. Was sie anhatte, welchen Schmuck sie trug, was sie sagte: Das war das modische Leitbild. Byzanz war in diesen Tagen tonangebend, ähnlich wie heute New York, Paris und Shanghai zusammen. Und nun kam sie zu den Harzer Vorgebirglern in die finsteren Wälder. Hier ist nicht die Domäne der mondänen Damenmode, denkt man sich ja noch heute, und anders wird es vor tausend Jahren auch nicht gewesen sein. Als Damenstift wurde die Kirche von Markgraf Gero gegründet, auf ihn geht auch der Ortsname zurück. Die Kirche erhielt ihren Namen durch die Schenkung einer Armreliquie des heiligen Cyriakus. Im Inneren ist eine Nachbildung des Jerusalemer Heiligen Grabes aus dem 11. Jahrhundert das Prunkstück, eine der ältesten und bedeutendsten nördlich der Alpen. Das Grab wurde über die letzten zehn Jahre restauriert, wobei man einigen historischen Details auf die Spur kam. Die imposante Grabnachbildung ist ein Anhaltspunkt, dass der Ort nicht nur ein Zentrum für die örtlichen Gläubigen war, sondern auch ein Anziehungspunkt für weiter gereiste Pilger. Wollte man zu diesen Zeiten zum echten Grab nach Jerusalem pilgern, musste man dafür eine mehrjährige Reise einplanen – mit ungewissem Ausgang, denn die Reise war nicht nur beschwerlich, sondern auch gefährlich. Eine sehr profane Nutzung allerdings erfuhr die Kirche nach der Reformation: als Viehstall und Lager. Das Heilige Grab selbst wurde wohl eine Zeit lang als Schweinekoben benutzt. Davon zeugen die Fäkaliensalze im Stein, die die Restauratoren mit Kompressen aus dem Inneren zu lösen versuchten. Dabei bemerkten sie auch eine immer wieder nachziehende Feuchtigkeit, die sich mit ihren Erkenntnissen vom Aufbau nicht in Einklang bringen ließ. Um hinter die Ursache zu kommen, wurde eine Grabung initiiert, bei der man auf ein Grab stieß. Man fand heraus, dass die Bestattete eine Frau von circa 25 bis vierzig Jahren war, die um das Jahr 1050 herum gelebt hatte, viel mehr aber leider nicht. Da sich die Grabstelle aber an exponierter Stelle, direkt unter dem Heiligen Grab, befindet, vermutet man, dass es sich um eine Jerusalempilgerin, eventuell auch eine der 36 Äbtissinnen, die das Stift von der Gründung bis zur Reformation lenkten, handelt. Anhaltspunkt für die Pilgerintheorie ist ein kleines Jerusalemkreuz aus Bernstein, das man als Grabbeigabe entdeckte. Die Auferstehung Christi wird als Relief an den Außenwänden des Grabs dargestellt. Das Grab ist auch der Grund, weshalb Ostern hier eine besondere liturgische Rolle spielt. Für die Stiftskirche existiert ein eigens geschriebenes Osterspiel, dessen Aufführung den Höhepunkt des Kirchenjahres darstellt. Dem Vernehmen nach soll es auch Besucher von weither anlocken, da das Zusammenspiel der Laien mit dem imposanten Inneren des Kirchenraums eine einzigartige Atmosphäre entstehen lässt. Zu neuem Glanz verhalf dem geschundenen Bau um die Mitte des 19. Jahrhunderts Ferdinand von Quast, ein Schüler Friedrich Schinkels, der als erster preußischer Staatskonservator tätig war.

Die Kirche liegt in einer Senke, man nähert sich ihr über verschlungene mittelalterliche Straßen. Zuerst sieht man die türkis schimmernden Dächer, und steigt man wieder hinauf in die alte Stadt, verschwinden sie als Letztes. Als Nächstes stehe ich in einem kleinen Biergarten – ein größerer Kontrast zum eben Gesehenen lässt sich wohl schwerlich auftreiben. Hier befindet sich die größte Kuckucksuhr der Welt, zumindest versuchte die Harzer Uhrenfabrik mit diesem Prädikat im Guinnessbuch der Rekorde Touristen anzulocken. Genauere Überprüfungen ergaben dann, dass es doch eine Schwarzwälder Konstruktion gibt, die die Harzer übertrifft. Nun kann man zumindest davon ausgehen, die größte Kuckucksuhr der Welt außerhalb des Schwarzwalds zu besitzen. Da hier auch eine der wenigen geöffneten Kneipen im Ort ist, mache ich mich daran, die Karte zu testen. Alle anderen sitzen bei dem schönen Wetter draußen, ich will aber in den Schatten, und so finde ich mich allein unter schätzungsweise 120 Kuckucksuhren aller Größen und Farben wieder. Ja, es gibt auch Kuckucksuhren in »modernem Design«, sie sind grelllila und haben ein knallgelbes Dach. Leise rattern die an Ketten hängenden Tannenzapfen unter den Uhrenkästen. Damit es dem Gast nicht langweilig wird, gehen alle Uhren unterschiedlich – mit dem Effekt, dass alle paar Minuten ein kleiner Kuckuck aus einem Türchen schnippst und sein »Kuckuck« in die leere Kneipe ruft. An mir hasten die Bedienungen vorbei, die Küche ist ziemlich groß, und hinter blinkendem Edelstahl sehe ich die Köchin.

Als ich gesättigt auf den kleinen Vorplatz gehe, haben sich die Anwesenden im Halbkreis vor der beinahe größten Kuckucksuhr der Welt, die eigentlich ein Haus ist, aufgestellt. Es ist die volle Stunde, und das Giebelfenster öffnet sich, nicht ohne dass ein Fanfarentusch die kleine Gemeinde erschüttert. Ein riesiger Kuckuck fährt heraus, er kann seinen Rumpf bewegen, den Kopf drehen und klappert mit dem Schnabel. Von einem Band tönt wiederholt ein lautes »Kuckuck!«. Die beiden Kinder, die offenbar von ihren Großeltern hierhergeführt wurden, fangen synchron an zu weinen. »Der tut doch nichts«, versuchen die Altvorderen ihre Enkel zu beruhigen, was sie nicht vom konzentrierten Knipsen des Vogels abhält. Unterdessen fährt der mechanische Vogel wie auf Schienen zurück, und als dritter musikalischer Akt erklingen die Töne eines Stimmungs- und Schunkelliedes. Die Worte verstehe ich nur halb, es geht ungefähr darum: »Ich bin müde, ich geh heim.« Mitleidig sehe ich zu den beiden Kleinen und gebe jedem ein Bonbon aus meiner Verpflegung. Schließlich habe ich mich früher auch so vor den Figuren der Augsburger Puppenkiste gegruselt, vor allem die Tiere erschienen mir unheimlich, während alle anderen sie niedlich fanden und vor dem Fernseher hingen. Das Wort Parkinson kannte ich damals noch nicht, aber es war mir klar, dass die Figuren eine schlimme Krankheit haben mussten, weil sie immer so mit den Köpfen und den Gliedmaßen wackelten. Das Puppenkonzept der Sesamstraße gefiel mir viel besser. Oder war ich einfach schon disneyverseucht?

Durch Zufall entdecke ich hinter einer Biegung der Hauptstraße eine riesige Ruine. Und während meine kindliche Abneigung schon bei moribunden Marionetten geweckt war, ziehen mich nun komischerweise gerade solche Orte an, in denen keiner mehr haust. Macht eigentlich noch jemand außer mir gerne Ruinen-Spotting? Vor mir steht, mit leeren Fensterhöhlen, ein großer mehrgeschossiger Bau mit halbrundem Empfangsportal. Die Bäume rund um das Gebäude sind hochgeschossen, es wird wohl seit der Wende leer stehen. Es ist ein ziemlich schmuckloser, klarer Bau, und ich finde heraus, dass es sich um das ehemalige FDGB-Heim »Fritz Heckert« handelt, das in den 1950er-Jahren als erster Neubau des sozialistischen Ferienprogramms eingeweiht wurde. In so einem ähnlichen Bau müssen damals meine Großeltern ihre Ferienmahlzeiten eingenommen haben.

Im westlich gelegenen Nachbarort, Bad Suderode, kann man bei einem Spaziergang ebenso verlassene Häuser entdecken, die mit ihren schön geschnitzten Balkonen noch den Rest des Glanzes einer anderen Tourismusepoche erahnen lassen. Natürlich führen zu diesen Ruinen keine Hinweisschilder. Man muss auch, wer hätte das gedacht, schnell sein bei diesem Hobby. Kürzlich brannten das Haus Graun in Bad Suderode und das Albrechtshaus bei Stiege ab. Bei beiden ehemaligen Kur- und Ferienhäusern wird Brandstiftung vermutet. Die jüngste Vergangenheit scheint in ihrem Verfall noch nicht gleichermaßen interessant zu sein wie die ältere Vergangenheit; ein paar Hundert Jahre sollten wohl dazwischen liegen, um es zu einer richtigen, amtlichen Ruine zu bringen. Diese sind dann auch in der Regel ausgeschildert, zum Beispiel die Burgruinen Regenstein, Lauenburg, Stecklenburg etc. Die Burgruine Regenstein liegt in der Nähe von Blankenburg hoch auf dem Fels und wurde teilweise in diesen gehauen.

Lassen wir uns die Eindrücke von Hans Christian Andersen schildern, denn an dem Anblick hat sich fast nichts geändert: »Das Gemäuer ist verschwunden, aber alles, was in den Felsen selbst eingehauen ist, steht wie eine mächtige Riesen-Mumie und erzählt von vergangenen Zeiten, obwohl es kein Wort sagen kann. […] Tief unten lagen die Felder wie Beete in einem Gemüsegarten, der Bauer hinter seinem Pflug war ein Schneckenhaus, das auf der Erde hinkroch. Die Kirche, die in den Felsen gehauen ist, wölbt sich noch ebenso fest, den Jahrhunderten trotzend, aber sie ist noch eine große Höhle, ohne Form; die Gemächer, die als Schlafstellen gedient haben, sind nur Vertiefungen im Felsen, wo die große Steinmasse über den Häuptern schwebt«. (Hans Christian Andersen: Schattenbilder, S. 96 f.) Nun gut, Bauern mit Pflug kann man heutzutage nicht mehr erspähen, aber dafür Autos, die wie Matchbox-Spielzeugwägelchen über die Hügel fahren.

Ein paar Kilometer östlich von Gernrode liegt Ballenstedt, ich wandere dorthin, rechts geht es in den Wald hinein, links schweift der Blick abwärts über Felder und Wiesen ins Vorland. Kein Mensch begegnet mir, und als ich im schönsten Schlendern bin, kommt mir mit Karacho ein Bus auf dem breiten Forstweg entgegen. Höhere Mächte haben also beschlossen, hier an Waldesrand und Feldesrain eine reguläre Buslinie entlangzuführen. Warum auch nicht. Wenigstens scheint das eine exklusive Regelung zu sein, mir kommen keine weiteren Kraftfahrzeuge entgegen, nur zwei Radler. Am Ende des Weges führt mich ein Tor direkt ins Innere eines schönen, von Peter Joseph Lenné angelegten Parks. Kommt man von dieser Seite, betritt man den Teil, der sich an den englischen Landschaftsparks orientiert. Im Schlossparkteich schwimmt das übliche dekorative Personal an Enten und Schwänen. Im Schilf stöbert ein Reiher nach Fischen und schluckt seine Beute mit emporgerecktem Hals. Das Schloss wacht auf einem kleinen Berg über die Idylle, und von hier oben erschließt sich die schöne Parkanlage erst richtig. Man sieht die Wasserachse des nördlichen Gartenteils, die in ihrer terrassenförmigen Stufung italienische Villengärten zum Vorbild hat. Der Blick wird auf die in 1,5 Kilometer Entfernung gelegenen Gegensteine geführt, die monolithisch aus dem Flachland ragen. Warum die Bauten der im Wesentlichen barocken Schlossanlage an der Straße der Romanik liegen, kann ich mir nicht recht erklären. Später erfahre ich, dass die Fundamente und der Turm romanisch sind. Es sind wohl auch noch andere Epochen auszumachen, schließlich ist 1073 erstmals urkundlich erwähnt, dass Graf Esico hier ein Stift erreichten ließ. Seitdem gilt der Ort als Wiege des Hauses Anhalt-Askanien, in dessen Ahnenreihe sich beispielsweise Uta von Naumburg (das ist die Dame mit dem hochgeschlagenen Kragen im Naumburger Dom), Albrecht der Bär (dessen Grabstätte hier ist) und Katharina II. von Russland finden. Im 18. Jahrhundert wurde die Stadt zur Residenz der Fürsten von Anhalt-Bernburg erhoben, und bis 1945 wohnte die Familie im Schloss.

Erfreut sehe ich ein Restaurantschild an der Schlossmauer, und da es Zeit fürs Mittagessen ist, setze ich mich auf die Terrasse hoch oben über dem Park. Die Bedienung tritt in Gestalt eines Mönchleins heran, er hat die Figur, er hat das Kostüm, nur die Tonsur fehlt noch. Er kommentiert sein Outfit: »Man muss sich ja schon ein bisschen unterscheiden hier«, fühlt sich aber offenbar wohl in seiner Kutte und den Sandalen und weiht mich in die Geschichte des Ortes ein. Ich esse derweil eine frische Forelle und sehe dabei dem Turmfalken zu, der hoch über der Terrasse seinen Nistplatz im Schlossgemäuer gefunden hat. Ich solle ruhig noch in das Museum gehen, also höre ich auf das Mönchlein. Am Schlossplatz ist das Stadtmuseum untergebracht, es heißt Wilhelm von Kügelgen, und ihm ist auch ein Raum gewidmet. Er wurde als Sohn des Malers Gerhard von Kügelgen 1802 in Sankt Petersburg geboren und 1833 zum Hofmaler nach Ballenstedt bestellt, wo er bis zu seinem Tod 1867 lebte. Ich gestehe, dass ich vor meinem Besuch noch nie etwas von dem Mann gehört hatte, und erfahre nun, dass er nicht so sehr für seine Bildnisse, sondern für seine »Jugenderinnerungen eines alten Mannes« bekannt ist. Nach der postumen Erstausgabe im Jahre 1870 erfuhr das Werk bis zum heutigen Tage immer wieder Neuauflagen.

Tatsächlich geben diese Memoiren einen genauen Einblick in das Leben zur Zeit der Frühromantik, da das Dresdner Vaterhaus ein Treffpunkt damaliger Geistes- und

Künstlergrößen war. Kügelgen lernte Ballenstedt schon als Kind kennen, denn die Familie flüchtete vor den napoleonischen Kriegswirren aus Dresden dorthin. Der kleine Wilhelm wird ins Schloss geladen, schließlich braucht auch ein Prinz Gesellschaft und Spielkameraden. Nachdem die Probe bestanden ist – seine größte Sorge ist, wie man sich wohl bei all den Hochwohlgeborenen benimmt –, vertreiben sich die Jungen den Tag. Man besichtigt die prinzlichen Spielsachen, denn die sind nur zum Anschauen da, reitet auf dem fürstlichen Ziegenbock und gibt ein Puppenspiel. Trotz der Flüchtlingssituation, in der sich die Familie einrichten muss, zeichnet Kügelgen diese Monate doch mit lockeren Strichen voller Esprit, ja, er findet sogar Gutes an der Ballenstedter Schule, was ihn zu folgendem allgemeinen Urteil bewegt: »Öffentliche Schulen mögen sein, wie sie wollen, wenn die Zucht darin nicht ganz aus Rand und Band ist, sind sie dem privaten Unterrichte immer vorzuziehen. Sie entkleiden die Jugend jeden äußerlichen Vorzuges, dessen sie sich etwa erfreuen mag, und lassen ihr nichts anderes übrig als Kopf und Fäuste oder was sonst niet- und nagelfest an einem Knaben ist. […] Die Schule und die Wildnis sind die einzigen Orte, wo der Mensch an sich was gilt, allein auf sich gesetzt ist und der Charakter sich entwickelt.« (Wilhelm von Kügelgen: Jugenderinnerungen eines alten Mannes. Koehler & Amelang. München, Berlin 1993, S. 159 f.) Ein weiterer Vorteil ist, dass Wilhelm hier neben den Hochwohlgeborenen auch die normalen Einwohner kennenlernt: »Für uns Fremdlinge hatte die öffentliche Schule den Vorteil, dass wir auf leichte Weise mit den eingebornen Knaben des Ortes bekannt wurden und zahlreichen Umgang fanden, der uns verhinderte, auf dem Schlosse zu verprinzeln.« (Wilhelm von Kügelgen, S. 161) Er »verprinzelte«

dann auch nicht, aber sein Schicksal blieb von den Ballenstedter Fürsten bestimmt. Als ausgebildeter Maler ging er wieder an den Ballenstedter Hof, doch seine Rolle dort wandelte sich im Laufe der Jahre. Er wurde mehr und mehr zum Gesellschafter und schließlich Kammerherrn des Fürsten Alexander Carl von Anhalt-Bernburg, der wiederum in geistiger Umnachtung endete. Ebendieser war sein damaliger prinzlicher Spielgefährte gewesen. Seine letzten Lebensjahre widmete Kügelgen vor allem dem Verfassen und Überarbeiten seiner Erinnerungen an die ersten achtzehn Lebensjahre. Offenbar mussten seine Gedanken, wie die Farben auf seinen Porträts, erst einmal trocknen, bevor der altersweise Verfasser zur Rückschau bereit war.

Vom Schlossberg geht der Blick hinunter auf eine lange Allee, wo die beamteten Untertanen lebten. Parallel dazu verläuft die Kügelgenstraße, in der sich auch das Wohnhaus von Kügelgen befindet. Zu einer anständigen Residenz gehört natürlich auch die Unterhaltung der Herrschaften, und so wird das Schlossensemble auf dem Vorplatz standesgemäß von einem Theaterbau komplettiert, in dem unter anderem Franz Liszt und Albert Lortzing wirkten. Noch heute ist das Theater in Betrieb.

Zu DDR-Zeiten war im Schloss übrigens eine Forstfachschule untergebracht, die Stadt hatte einen Ruf als Schulstadt. Was in keinem Reiseführer zu finden, aber dennoch da ist: Auf dem Großen Ziegenberg befindet sich ein ziemlich Furcht einflößend aussehender, leerer Gebäudekomplex. Es handelt sich um die ehemalige Nationalpolitische Erziehungsanstalt Anhalt, also eine Napola. Sie wurde 1939 als einzige Einrichtung dieser Art neu gebaut und beherbergte bis zu 600 Schüler. Nach dem Krieg wurde der Komplex als Bezirksparteischule der SED genutzt. Man hat immerhin geschafft, dass die Gebäude unter Denkmalschutz gestellt wurden. Bleibt zu hoffen, dass der örtliche Verein mit seiner Arbeit Erfolg hat und hier einmal ein Gedenkort oder Museum zur Geschichte der beiden Diktaturen entstehen kann.

Macht man einen kleinen Schlenker von dreizehn Kilometern, kommt man weiter östlich zu einem Ort, der trotz Denkmalschutz vor dem Verfall nicht bewahrt werden konnte: Degenershausen. Dennoch lohnt sich ein Besuch, denn ein Verein hat sich darum gekümmert, dass zumindest das Landschaftserbe in neuer Schönheit erstanden ist. Ganz offiziell heißt der Ort Stadt Falkenstein, Ortsteil Wieserode. Der Gutsbezirk, der sich ehemals hier befand, wurde früher jedoch nach den Besitzern Degenershausen benannt, er bestand eigenständig in den Jahren 1872–1928. Das Gut wurde 1945 enteignet und das Gutshaus noch bis 1972 als Schule genutzt. Danach stand es leer und wurde dem Verfall preisgegeben. Das Bemerkenswerte an diesem ehemaligen Gut ist der Landschaftspark, den Johann Christian Degener ab dem Jahr 1835 anlegen ließ. Von dem um die gleiche Zeit errichteten Herrenhaus und den zugehörigen Wirtschaftsgebäuden ist nur mehr eine Scheune übrig. In dieser hat der Verein, der sich heute um die Belange des Anwesens kümmert, ein Besucherzentrum eingerichtet. Es ist auch ein Ort der deutschen Kulturgeschichte, denn die letzten Besitzer Hans Eberhard Freiherr von Bodenhausen-Degener und Dora Gräfin von Degenfeld-Schonburg lebten gesellig und pflegten Umgang mit einigen Größen der Zeit. Zu den Gästen des Hauses zählten unter anderem Rudolf Borchardt, Henry van de Velde, Harry Graf Kessler und Hugo von Hofmannsthal.

Durchs Selketal: Mägdesprung, Alexisbad

Gehen wir weiter am Harzrand entlang: Östlich von Ballenstedt liegt ein Örtchen namens Meisdorf, neben einem Hotel und einem Golfplatz befindet sich hier auch eine kleine Dorfkirche, in der es eine extra Loge gibt, die für die Fürsten bestimmt war, denen nicht zuzumuten war, sich unters Volk zu mischen. Wer von hier aus nach Süden abbiegt, kommt in das wunderschöne Selketal und kann einen der lohnenswertesten Abschnitte des Selketal-Stiegs begehen. Anders als im Bodetal, wo das Flüsschen schäumend und gurgelnd seinen Weg sucht, ist dieser Flussabschnitt ruhig und lieblich. Das Selketal ist ein Naturschutzgebiet. Die Wiesen des Ufers werden durch Kühe und andere Landschaftspfleger kurz gehalten, der Weg ist breit und ohne jede Steigung, sodass auch ein paar gemütliche Tourenradfahrer unterwegs sind.

Schon nach kurzer Zeit kann man einen Abstecher auf die Burg Falkenstein machen. Naturgemäß liegt sie auf einem Berg, sodass man einen tollen Blick hat, aber es geht eben auch steil aufwärts. Die Burg ist gar nicht ruinös, sondern eine imposante Anlage und macht einen voll sanierten und ausgebauten Eindruck. Sie war seit dem 11. Jahrhundert der Stammsitz der Harzgrafen aus dem Geschlecht derer zu Falkenstein. 1334 starb das Geschlecht aus, die Burg wurde an das Haus Asseburg verkauft, und seit 1946 ist sie als Museum der Öffentlichkeit zugänglich. Es gibt hier oben alles, was das Mittelalter-Business zu bieten hat: Greifvögel inklusive Falkner-Vorführungen, Essen wie die Ritter und sommers ein Minneturnier.

Dabei ist die Burg nicht durch den Minnesang in die Geschichte eingegangen, sondern als Entstehungsort des bedeutendsten deutschen Gesetzbuchs des Mittelalters: Etwa um 1230 soll hier im Auftrag des Grafen Hoyer von Falkenstein der Ritter Eike von Repkow den »Sachsenspiegel« verfasst haben. Man nimmt an, dass ein privater Rechtsstreit den Grafen veranlasst hat, seinen Freund mit der Aufgabe der ersten schriftlichen Niederlegung des alten sächsischen Gewohnheitsrechts zu betrauen. Es ist somit nicht nur das erste schriftliche Werk der Rechtsprechung, sondern auch das erste größere schriftliche deutschsprachige Prosawerk überhaupt und wurde in mittelniederdeutscher Sprache verfasst. Eike von Repkow hielt sowohl das Landrecht, also das Gewohnheitsrecht der freien Sachsen, als auch das Lehensrecht, das Rechtsfragen der Adligen und Stände untereinander betraf, darin fest. Leider ist die Originalhandschrift nicht erhalten, nur diverse Abschriften, darunter allerdings vier kostbare Bilderhandschriften, die in deutschen Bibliotheken aufbewahrt werden. Die volksnahe und verständliche Sprache des Autors trug sicherlich zum Erfolg und zur Verbreitung des Werkes bei, obwohl es nie von einer amtlichen Seite ins Recht gesetzt wurde. Zum Beispiel stammt das heute noch gebräuchliche Sprichwort »Wer zuerst kommt, mahlt zuerst« aus diesem Gesetzestext. Das Buch gilt als Grunddokument der deutschen Rechtsprechung und diente noch bis in das 19. Jahrhundert hinein als Basis der Rechtspraxis im mitteldeutschen Gebiet. Darüber hinaus hat es, gemeinsam mit dem Magdeburger Stadtrecht, Verbreitung bis weit in den Osten hinein, bis ins Baltikum, die Ukraine und Ungarn gefunden. In einer Ausstellung wird die Geschichte und Wirkung dieser Rechtsquelle erläutert, und es ist ein Exemplar des Buches aus dem 16. Jahrhundert zu besichtigen.

Außerdem ist die Burg ein beliebter Ort für Feiern, Hochzeiten und Betriebsausflüge, demzufolge erreicht man sie nicht nur über den beschwerlichen Weg bergauf. Etwas entfernt von der Burg gibt es einen Parkplatz. Von da führt der Fuhrmannsweg zum Eingangstor der Burg, dieser Fußweg ist viel leichter zu begehen, und zumindest im Sommer kann man sich auch mittels Bimmelbahn oder Kutsche hochziehen lassen. Und wem die Burg irgendwie bekannt vorkommt, der hat sich wohl öfter Ost-Märchenfilme angeguckt: Sie war ein beliebter Drehort der DEFA.

Wieder zurück auf dem Selketal-Stieg kommt man nach einigen Kilometern zur Selkemühle, hier kann man sich stärken und überlegen, ob man weitergeht. Wer noch nicht genug von den Aufstiegen hat, geht auf den Großen Hausberg zur Burg Anhalt, die dem Land den Namen gab und von der nicht viel mehr übrig ist als dieser Name. Wenige Reste einer großen, aus Backstein gemauerten Anlage künden von der einst mächtigsten Burg im Lande. Eine erste Burg wurde im 11. Jahrhundert von Graf Esico von Ballenstedt errichtet und von Graf Otto von Ballenstedt erweitert. 1140 wurde die Anlage aufgrund einer Fehde geschleift, und danach ließ Albrecht der Bär sie umso prächtiger wiederaufbauen. Sie wurde jedoch nur bis etwa ins Jahr 1300 benutzt und dann aufgegeben. Die Ruine gibt nur einen ungefähren Eindruck der Anlage, in Ballenstedt kann man aber ein Modell besichtigen. Auf jeden Fall war die Bauweise aus Ziegelsteinen in ihrer Zeit für diesen geografischen Raum einmalig.

Mehr oder weniger dem Flusslauf folgend, geht man nun in Richtung Mägdesprung. An der Selkemühle beginnt das Obere Selketal und der Fluss wird munter. Er muss jetzt Gefälle überwinden. An seinen Ufern leben geschützte Wasseramseln und Eisvögel, Elritze und Schmerle schwimmen in ihm, Bergmolch und Feuersalamander kriechen durchs Gesträuch. Die Schmerlen kamen zu Fontanes Zeiten noch so reichlich vor, dass man angeblich nur einen Eimer in die Bode halten musste, um ein paar zu fangen. Die Zeiten sind vorbei. Was jetzt ein Naturschutzgebiet ist, war früher Standort einer Eisenhütte. Noch heute steht das Carlswerk in Mägdesprung, ein harmonischer Klinkerbau des 19. Jahrhunderts, und ist als technisches Denkmal begehbar. Einen Namen machte man sich mit Eisengusserzeugnissen. Die Wasserkraft der Selke wurde benutzt, um die Maschinen anzutreiben. So heißen dann die Ortsteile prosaisch nach den Hammerwerken, die dort standen: Erster Hammer, Zweiter Hammer, Dritter Hammer, Vierter Hammer. In Mägdesprung gibt es einen kleinen Bahnhof, der müde Wanderer kann dann bei Bedarf auch in die Selketalbahn steigen.

Selbstverständlich knüpft sich eine Sage an den Ortsnamen. Wie schon bei der Rosstrappe geht es auch in ihr um sehr große Menschen: Eine junge Hünin kam aus Thüringen auf den Felsen entlanggewandert und erblickte auf einer gegenüberliegenden Felsklippe ihre Freundin. Sie waren jedoch durch eine gewaltige Schlucht getrennt. Die Gespielin winkte, doch die junge Riesin zögerte ob der großen Entfernung. Da bemerkte sie im Tal auf dem Feld einen Bauern, der sich über sie lustig machte. »Spring doch, Riesenmaid!«, soll er gerufen haben. Da bückte sich die Riesin, nahm den Bauern samt angespanntem Wagen, der mit Holz beladen war, in ihren Rockschoß und machte einen großen Satz über das Selketal hinweg. Auf der anderen Seite wurde der erschrockene Bauer mitsamt seinem Fuhrwerk wieder zu Boden gelassen, und die beiden Gefährtinnen gingen lachend davon. Seitdem nennt man den Ort Mägdesprung.

Der nächste Ort, Alexisbad, ist noch eine Stunde Fußmarsch entfernt und verfügt ebenfalls über einen Selketalbahn-Bahnhof und über Busanschluss. Sollte man allerdings vorhaben, hier seinen Urlaub zu verbringen, ist es besser, man plant sehr viele Wanderungen ein oder nimmt sich für jeden Tag einen 400-seitigen Roman mit. Es geht auch, wenn man gebrechlich ist oder aus sonst einem Grund das Hotel nicht verlassen kann. Dann kippt man einfach das Fenster und atmet die gute frische Harzluft ein. Zwei Hotelkomplexe, eines fachwerklich, das andere plattenbaulich, teilen sich den Alexisbader Besuchermarkt auf. Auf dem Rasen vor dem Plattenbau steht ein Eisenguss-Hirsch, der von dem Mägdesprunger Gewerbe, das es längst nicht mehr gibt, kündet. Zwischen den beiden Hotels steht der schönste Bau des Ortes, leider gemahnt auch hier der Baumbewuchs an seine 25-jährige Schließungszeit. Vier Erkertürmchen zieren den leider im Verfall befindlichen Bau. An der Straßenseite ist auf dem mittleren Giebel zu lesen, dass es sich um das Reichsbahn-Erholungsheim »Selketal« handelte.

Harzer Schmalspurbahnen

Eilig darf man es nicht haben, wenn man eine der drei Harzer Schmalspurbahnen nimmt. Langsam zieht eine alte Dampflok die Waggons die Berge hinauf, auf den Plattformen stehen die Touristen und sehen sich die Wälder, Schluchten, Täler und Felder an, durch die sie zuckeln. Es ist eben eine andere Art Fahrvergnügen. Manchmal geht ein Schaffner durch die Bahn und bietet in einem Korb kleine Fläschchen Schlehenlikör oder Schierker Feuerstein zum Verkauf, die Reisenden greifen gerne zu. Auf der Selketalstrecke sind außer den Dampfloks noch moderne Triebwagen und ein altertümlicher Schienenbus mit Holzbänken im Einsatz. Manche Fahrgäste fahren bis zur Endstation und dann mit dem nächsten Zug zurück, was schon mal den halben Tag dauern kann. Entweder wollen sie ihr Kombiticket richtig ausnutzen, oder es sind Eisenbahnfreaks. Meistens kommt beides zusammen. Oft genug habe ich erwachsene Männer beobachtet, die die ganze Fahrtdauer neben dem Fahrer stehen und sehnsuchtsvoll die Instrumente an seinem Steuerstand betrachten. Das geht natürlich in den Dampfloks nicht, aber auch dafür wurde eine Lösung gefunden: Es werden Lokmitfahrten für interessierte Gäste angeboten. An einigen Stationen, in Quedlinburg, Wernigerode und Gernrode, gibt es Verkaufsstellen der Harzer Schmalspurbahnen (HSB), in denen man nicht nur Fahrkarten, sondern auch Fanartikel kaufen kann: Lokführermützen, Socken mit gestickten Loks, Fan-Schals, Uhren und Schlüsselanhänger. In Benneckenstein, einer Station der Harzquerbahn, kann man sich dann ausführlich mit der über 125-jährigen Geschichte der Harzer Schmalspurbahnen vertraut machen. Im hiesigen Eisenbahnmuseum sind Eisenbahnmodelle und Originalstücke ausgestellt. Die Spur der Schmalspurbahn ist übrigens 1000 Millimeter schmal. Auf der Harzquerbahn sieht man auch ab und zu noch die roten Reichsbahn-Dieselloks, die ob ihres Führerhäuschenhöckers liebevoll »Harzkamel« getauft wurden.

Die älteste der drei Bahnen ist die Selketalbahn. 1886 erfolgte der erste Spatenstich zu ihrem Bau. Der zehn Kilometer lange Abschnitt von Gernrode nach Mägdesprung war das erste fertiggestellte Teilstück, das man schon 1887 befahren konnte. Im Jahre 2006 wurde der Anschluss nach Quedlinburg gelegt, und heute kann man von dort bis Eisfelder Talmühle fahren. Dort ist der Anschlusspunkt an die Harzquerbahn, die Wernigerode und Nordhausen verbindet. Auf dieser Strecke ist wiederum der Beginn der Brockenbahn an der Station Drei Annen Hohne zu finden, die über Schierke zum Brocken hinauf den steilsten Schienenstrang (ein Meter Höhe auf dreißig Meter Strecke) zu bewältigen hat. Zwei kurze Stichstrecken der Selketalbahn führen nach Hasselfelde und Harzgerode. Auf der Selketalstrecke hat man, wie ich finde, die schöneren landschaftlichen Ausblicke als auf der Strecke der Harzquerbahn. Das Schienennetz aller drei Strecken zusammen beträgt immerhin 140,4 Kilometer und ist damit das größte zusammenhängende Schmalspurstreckennetz Deutschlands. Neben den fahrplanmäßigen Fahrten können noch jede Menge Sonderfahrten gebucht werden: der Sonnenuntergangszug zur Sommersonnenwende, der Bockbierexpress, Oster- und Weihnachtsbrunch. Außer den regulären Haltestellen gibt es die Bedarfshaltepunkte. Dort hält der Zug nur, wenn man an den Gleisen steht und winkt oder wenn man dem Fahrer Bescheid sagt, dass man aussteigen möchte. Die meisten Reisenden ignorieren diese Punkte. Das ist die Chance für Wanderer, die dem Trubel entgehen wollen. Es ist natürlich herrlich, wenn man an einem der Bedarfshaltepunkte, manchmal mitten im Wald oder an einem Teich, aussteigen kann und die Route ohne großen Anlauf startet.

Sommer in der Waldhütte

Im Juni fahre ich allein in die Hütte. Das ist der Sommer meines Missvergnügens, denke ich. Denn alles, wonach mir der Sinn steht, sind Heißgetränke. Besser man hat genügend Tee und Kaffee gebunkert. Besser auch, es mangelt einem nicht an hochkalorischen Nahrungsmitteln, Nudeln, Reis, Öl, Schokolade, Nüsse. Besser man hat genügend trockenes Holz oder gar Kohle zum Feuermachen im Schuppen. Da die Vorbesitzer ein paar Bäume auf dem Grundstück fällen lassen mussten, weil sie auf das Häuschen zu stürzen drohten, gibt es einige Kubikmeter Holz, die ich in den Ofen werfen kann. Doch etwas sträubt sich in mir zu heizen. Es ist eine helle Sommernacht, nach 22 Uhr, ich habe mich hingelegt, vollständig angezogen mit Hose, T-Shirt, Strümpfen, Fleece-Jacke, mich in meinen dünnen Daunenschlafsack gepackt, die schwere bezogene Steppdecke drüber, darüber noch eine Fleecedecke. Jetzt geht es. Es sind siebzehn Grad Celsius im Haus, nachts werden es draußen acht Grad, also wird

| 96

die Temperatur im Haus auf vierzehn Grad absinken. Ich mache das Licht aus, draußen ist es noch nicht dunkel, ich sehe den pastelligen Himmel – blau mit zarten gelben Streifen, die schwarzen Eichen stehen davor, wie bei einem präzisen Scherenschnitt sieht man jedes einzelne Blatt.

Am nächsten Morgen gegen sieben Uhr wache ich auf und freue mich, dass die Sonne scheint. Anderthalb Stunden später ist es schon wieder vorbei damit. Im Haus sind es siebzehn Grad, draußen auch. Ich mache den Abwasch von gestern und koche mir auf den beiden elektrischen Herdplatten Kaffee und ein Bauernfrühstück. Vom Kräuterbeet hole ich Schnittlauch mit den schönen violetten Kullerblüten, die man essen kann. Ich esse draußen auf der Terrasse. Danach gehe ich wieder in die Hütte, schließe die Tür und alle Fenster und versuche, die Wärme der zwei Herdplatten so lange wie möglich in der Hütte zu halten. Sommer. Morgen ist der 1. Juli. Ich gebe den Widerstand auf und heize. Es ist sehr effektiv, mit lediglich drei großen Holzscheiten, die ich mit dem großen Beil in passende Stücke haue, bringe ich den kleinen Hüttenraum auf 28 Grad. Das ist mir zu viel, und ich reiße die Fenster wieder auf.

Der nächste Morgen bringt die Überraschung: frohgemute Vögel geben alles, da weiß ich schon, ehe ich die Augen aufmache, die Sonne muss scheinen. Bis zum Mittag sind es 27 Grad, schlappe zehn Grad mehr als gestern. Der weiße Klee klappt in der Sonne seine drei Blätter ein. Als ich die Eiche mit dem Fernglas nach dem schön tirilierenden Vogel absuche, entdecke ich stattdessen ein graues Eichhörnchen, das regungslos in der schattigen Astgabel hängt. Wahrscheinlich hat es gestern auch noch gefroren. Für uns Warmblüter machen die zehn Grad eben den Unterschied aus. Das graue Eichhörnchen ist locker doppelt so groß wie das rote Eichhörnchen, auch viel plumper im Körperbau, viel langsamer und hüpft eher unbeholfen, wo das rote behände in den Wipfeln springt. Im Zuge meiner heimatlichen Artenerkennung denke ich, dass es eins der eingeschleppten nordamerikanischen Grauhörnchen ist, die in der Lage sind, die europäischen roten zu verdrängen, weil sie Überträger eines tödlichen Virus sind. Noch während ich überlege, mir ein Luftgewehr zuzulegen, stoße ich auf eine Website, die meint, dass das graue Ungetüm noch nicht bis nach Deutschland vorgedrungen sei und es sich bis jetzt bei allen Sichtungen um rote Eichhörnchen handele, die auch einen Anteil Grau oder Schwarz im Fell haben können, bis sie eben gar nicht mehr wie rote Eichhörnchen aussehen. Ich überlege mir das mit dem Knicker trotzdem noch mal.

Da das Grundstück größtenteils naturbelassen ist, das heißt eine Art Wiese oder auch Minidschungel entstanden ist, sieht es für die Vögel wie eine kleine Waldlichtung aus. Sie kommen manchmal bis auf einen Meter heran und machen sich bemerkbar. Ein halbes Dutzend Kohlmeisen hackt an den Baumstämmen, als wären sie Spechte, eine Drossel singt auf dem Zaun, und eine Amsel huscht durchs Gras. Vier Eichelhäher rätschen lautstark in den Spitzen der Eichen und jagen sich durchs Geäst. Ein Mönchsgrasmückenmännchen sitzt bedächtig auf einem Ast und sieht dem Toben zu. Von Weitem hört man den Zilpzalp zilpzalp rufen. Die Stare fressen die unreifen Kirschen aus dem Garten gegenüber und spucken, was ihnen nicht schmeckt, über meinen Gartenwegen aus. Ich sehe mir die Tierchen durchs Fernglas an, meine Hütte kommt mir nicht mehr wie eine einfache Sommerdatsche vor, sondern wie eine sehr komfortable Vogelbeobachtungsstation. Damit verbringe ich Stunden. Ich hatte mir einen Kosmos-Vogelführer gekauft, und die vielen Fotos erfüllen ihren Zweck. Schon nach ein paar Tagen konnte ich alle Tierchen beim Namen nennen, lernte die Kohlmeisenmännchen anhand ihres dicken schwarzen Bauchstreifs von den Kohlmeisenweibchen zu unterscheiden und die einfache Geschlechterbestimmung bei den Mönchsgrasmücken anhand der verschiedenfarbigen Kopfhauben. So erfahre ich auch, dass ein Pärchen dieser Art meinen Garten als sein Revier betrachtet.

Anderntags mache ich mich zu Fuß auf, immer an der Hauptstraße entlang, zu dem kleinen Gewerbegebiet, das sich vor dem Ort ausdehnt. Ein Billigsupermarkt, ein Baumarkt, ein Möbelhaus, eine Tankstelle. Komisch, kein Autohaus. Der Baumarkt ist mein Ziel, ich will ungelöschten Kalk besorgen, weil es hier nur ein Plumpsklo gibt und man das Zeug auf seine Hinterlassenschaften streuen soll. Die Nachbarin hat auch ein Plumpsklo, und als sie entdeckte, dass in diesem Sommer erstmals die Fliegen überhandnahmen, schüttete sie jede Menge Klorix oder ähnliches vermutlich hochgiftiges Zeug rein. Das mache ich mal lieber nicht. Der nette Baumarktmitarbeiter, den ich nach ein paar Kilo ungelöschten Kalk frage, verzieht sein Gesicht, als hätte ich nach ABC-Waffen gefragt. Leider hat der Baumarkt das nicht im Sortiment – zu gefährlich. Stimmt, ich erinnere mich, dass das Zeug in meiner Kindheit in Leipzig in Papiersäcken auf unserem Hof lagerte, und zwar unter dem Balkon im Parterre, damit es nicht nass wurde. Wenn wir besonders verbissen beim Cowboy-und-Indianer-Spielen waren, griffen wir uns ein bisschen davon und versuchten, es dem Gegner in die Augen zu werfen, damit er blind würde. Also nichts mit Kalk hier.

Damit ich den Weg nicht umsonst gemacht habe, kaufe ich halt ein paar Pflanzen für das Beet, das ich gerade anlege, winterharte Stauden und Kräuter. Die große Pflanzenkaufzeit ist längst vorbei, alles ist billiger, und die Pflanzen sind auch schon viel zu groß geworden für ihre kleinen Töpfe. Wie Unkraut wachsen sie in den Regalen, die meisten schon abgeblüht. Die Kassiererin nimmt meine EC-Karte in die Hand, auf der das Brandenburger Tor abgebildet ist. Ihr Blick geht versonnen in die Ferne, und sie sagt »Hach, Berlin, da ist es so schön.« Ich versuche ihr zu erklären, dass ich es gerade hier im Harz sehr schön finde, die Berge, die Wälder, die Teiche, die Ruhe, aber noch während ich spreche, sehe ich dieses noch junge Leben vor mir, hier aufgewachsen, jetzt in kargem Lohn und keine Aussicht als die auf die Berge und die Ruhe. Da merke ich, dass die Kassiererin doch einen ganz gesunden Fluchtreflex hat. Ich glaube, für manche junge Leute ist es hier schwer.

Eigentlich war es kein Einkauf, eher eine Pflanzenrettungsaktion, denke ich, als ich mir noch einen Kaffee am Stehtisch der Tankstelle gönne. Vor mir liegen ja die drei Kilometer zurück zur Hütte, und aus dem Rucksack und zwei Stoffbeuteln ragen die bereits leidgeprüften Pflanzen. Unter der Tankstellenüberdachung ist reges Leben. Mindestens ein Dutzend Schwalbennester klebt direkt an den Stahlträgern unter dem Dach, und kleine Mehlschwalben fliegen emsig ein und aus. Sie lassen sich überhaupt nicht von den vielen Autos an den Zapfsäulen oder etwa der gut befahrenen Straße stören, an der die Tankstelle liegt. Aber selbst auf den selten befahrenen Straßen und Waldwegen, die zu der Hütte führen, gibt es ab und zu Verkehrsopfer. Ab und an liegt da ein Maulwurf, der sich zur Unzeit über die Straße begeben wollte. Der heutige ist zweifelsohne tot, hat aber kaum eine äußere Verletzung. Ich muss den Weg jeden Tag gehen, und da ich es nicht ertrage, das Tier von Mal zu Mal platter gefahren zu sehen, bis es eins geworden ist mit dem Straßenbelag, werfe ich es an den grünen Straßenrand, wo sich Ameisen und Schmeißfliegen darüber hermachen werden. Damit bin ich stolze Erfinderin der Maulwurf-Wurf-Bestattung. Die besondere Maulwurfsympathie wurde schon in meinen Kindertagen konditioniert: Der kleine Maulwurf war eine tschechische Zeichentrickserie, der ich gebannt folgte. Maulwurf sagte nichts, er seufzte nur und schaute, ganz anders als sein biologisches Vorbild, mit sehr großen Augen auf das, was außerhalb seines Maulwurfhügels passierte.

Der Geist, der Heinrich Heine auf seiner Harzreise in Form seines alten philosophischen Gesprächspartners Doktor Saul Ascher erscheint, trägt einen »transzendentalgrauen Leibrock« (Heine, S. 112). Heute würde ihm wahrscheinlich ein Männchen im nihilistisch-ballonseidenen Jogginganzug erscheinen. So ein Harzer Original kommt mir entgegen, mit zähnefletschendem Hund. Ich bleibe versteinert stehen. Der Hundehalter meint: »Der macht nüscht. Der spielt nur verrückt.« Ich erwidere: »Wie beruhigend.« Zurück im Garten kann ich dann meine sportlichen Wurfarten mit Tieren erweitern. Die großen braunen, schwarzen und gefleckten Nacktschnecken sind nach dem Regenguss wieder unterwegs. Es sind große Exemplare, manche locker zehn Zentimeter lang. Eine Schnecke ist milchschokoladenbraun und hat sich wie eine Kugel über den Kadaver einer Artgenossin gewölbt. Ich weiß nicht, was sie da macht. Zum Glück ist mein neues Fernglas nahsichtgeeignet, und ich kann mir das Geschehen vergrößern. Sieht so aus, als raspele sie die andere Schne-

cke einfach kannibalisch auf. Die dunkle Spanische Weg-
schnecke ist übrigens ein eingeschlepptes Tier, das tatsächlich erst nach dem Mauerfall nach Ostdeutschland gelangt
ist. Und sie scheinen wahre Feinschmecker zu sein. Obwohl ihnen circa 400 Quadratmeter frische Klee- und
Graswiese zur Verfügung stehen, machen sie sich über
mein zwei Quadratmeter großes Beet her, das ich unter
Mühen der Hanglage und dem lehmigen Boden abge-
trotzt habe. Und auch da nur über die Petersilie. Die hatte
ich vor vier Tagen gepflanzt, und nun sind nur noch ein
paar beschleimte Stängelchen übrig. Auch die gerade ge-
keimte Rasensaat an frischer Wildblumenmischung aus
der Dose mundet ihnen gut. Wenn man die Schnecken
berührt, ziehen sie sich zu einem kleinen Muskelball zusammen. Damit verbessern sie ihre Flugeigenschaften erheblich, und ich kann sie in den Wald hinter dem Zaun
werfen. Bei meinen gärtnerischen Verschönerungsversu-
chen schaufele ich das Laub am Zaun zusammen, ich habe
eine Dose Quedlinburger Blumensamen namens »Blühender Zaun« gekauft, die will ich dort aussäen. Immer
mal sind Steine dabei, das macht die Schaufel schwerer.
Die nächste Schaufel mit dem nächsten Stein fühlt sich irgendwie anders an, ich stoppe, bevor der Schwung Laub
in den Müllsack kommt. Tatsächlich sitzt da, regungslos,
eine in der Farbe nicht vom Laub unterscheidbare Erd-
kröte. Ich denke schon, ich habe sie erwischt, aber als ich
ihren kalten Rücken anfasse, bewegt sie langsam alle ihre
unversehrten Glieder. Ich bin froh und beende das Projekt »Blühender Zaun« nach drei Metern. Von Mitter-
nacht bis vier Uhr früh haben ja die Vögel Sendepause.
Diese Zeit wird nun dankend von meinen neuen quaken-
den und unkenden Freunden übernommen, damit mir in
wäldlicher Wildnis nicht einsam ist.

Naturerlebnis im Nationalpark Harz

Die Natur als »Erlebnisraum« ist ja eine moderne Erfindung. Bei den Angeboten für die Besucher muss zwingend »Erlebnis« davorstehen, ich nehme an, weil man ja sonst denken könnte, es stürbe sich hier vor Langeweile. Erlebnis-Führungen, Erlebnis-Wanderungen, man kann in einen Erlebnis-Steinbruch gehen.

Was war der Wald, was war der Berg, bevor er zum Erlebnis wurde? Im Wesentlichen eine Arbeitsstätte und Rohstoffquelle. Hierher kam man nicht, um sich zu erholen, hierher kam man, um – körperlich schwerste – Arbeit zu verrichten. Das, was wir heute als erholsamen Naturort erfahren, ist das Ergebnis von tausend Jahren Ausbeutung der natürlichen Rohstoffvorkommen. Der Holzverbrauch der Bergwerke war enorm, man brauchte Holz für den Stollenausbau, die riesigen Wasserräder, als Baumaterial für die rund um den Harz prosperierenden Städte, die nächtelang brennenden Unter-Tage-Feuer, mit denen das Gestein aufgesprengt wurde, und als Energielieferant für die verschiedenen Verhüttungsprozesse. Was war vom Harz-Urwald übrig, außer den eilends angepflanzten, schnell wachsenden Fichten-Monokulturen? Nicht viel. Anfang des 20. Jahrhunderts besann man sich dann wieder auf den Wert eines möglichst unberührten Naturraums, aber immerhin dauerte es bis zum Jahr 2006, bis der sachsen-anhaltinische Nationalpark »Hochharz« und der niedersächsische Nationalpark »Harz« zum »Nationalpark Harz« mit einer Gesamtfläche von circa 25 000 Hektar fusionierten. Damit umfasst der Nationalpark circa zehn Prozent des Harzes, und er ist mit 96 Prozent Waldfläche der waldreichste Deutschlands. Und da in diese Zone nicht weiter eingegriffen wird, kann man sogar verheerenden Orkanen wie Kyrill im Jahr 2007 etwas Gutes abgewinnen. Mancher Hang wurde vom Orkan ja komplett rasiert, und an diesen Orten hat nun die Natur wieder die Chance, eine gesündere Waldmischung herzustellen. Sich selbst überlassen, entwickelt sich die Art von Wald, die hier wohl früher vorzufinden war: ein Mischwald mit hohem Eichen- und Buchenanteil.

Das Ganze ist ein Wanderparadies: Ein gut gepflegtes und markiertes Netz von Wanderwegen durchzieht den Harz. Angefangen bei Weitwanderwegen wie dem Europäischen Fernwanderweg E11, über mittlere Strecken wie den Kaiserweg, den Harzer Hexenstieg und den Selketalstieg, die man in mehreren Tagesetappen entlangwandern kann, bis hin zu Rundwegen, die ihren Ausgangs- und Endpunkt am nächsten Autoparkplatz haben, wird eigentlich allen Wanderern etwas geboten. Höhepunkt für viele ist sicherlich der Brocken, aber wenn man dann diesen sehr lohnenswerten Punkt einmal »abgearbeitet« hat, bleibt noch jede Menge zu entdecken. Es gibt Wege, die wichtige Baudenkmäler miteinander verbinden, Wege, die historischen Spuren folgen (Fürstenweg, Kaiserweg), Wege, die schon berühmte Vorgänger wie Goethe oder Heine genommen haben. Man kann sich von den geologischen Besonderheiten auf dem Teufelsmauer-Stieg oder dem Karstwanderweg im Südharz leiten lassen, und sogar vom Jakobsweg-Boom kann man etwas abhaben, schließlich kommt es darauf an, von wo aus man in Richtung Santiago de Compostela startet. Und so geschieht es, dass an manchem Wegesrand neben den Signets der roten und grünen besenreitenden Hexlein ganz ökumenisch die gelbe Jakobsmuschel auf blauem Grund die Richtung weist.

Die Straße der Romanik ist eigentlich für Autofahrer gedacht, aber wer lieber als entschleunigter Fußgänger unterwegs ist, kann den Vorschlägen auf www.strassederromanik.de folgen und eine »Tour der Romanik« unternehmen. Man sollte sich am besten schon im Vorfeld ein wenig orientieren, denn das Wegenetz ist so dicht, dass an manchen Stellen gleich vier verschiedene Wege und Steige markiert sind. Richtig Besessene oder Menschen mit Kindern, die ihren Kleinen einen Anreiz für diese körperliche Betätigung geben wollen, können sich kleine Heftchen besorgen, in denen die Etappen abgestempelt werden. Dafür gibt es dann die »Harzer Wandernadel« in Gold, Silber und Bronze, sie wird ab acht verschiedenen Stempeln verliehen. 222 Stempelkästen sind im Harz verteilt, und wer es schafft, alle zu sammeln, wird zum »Harzer Wanderkaiser« ernannt.

Auf das Wetter muss man sich halt einstellen. Man ist in Deutschland ja einiges gewohnt, aber hier ist nun mal die niederschlagreichste Region. Und wie wir alle wissen, wird aus dem Regen Schnee, wenn es kälter wird. Hier nur ein Beispiel: Am 23. Mai 2013 konnte der Brocken dreizehn Zentimeter Schneehöhe melden. Wenn allerdings im Sommer das Wetter schön ist, lohnt es sich bei der Tourenplanung immer, für einen kleinen Abkühlungsstopp zu sorgen. Es muss ja nicht immer gleich eine der großen Talsperren wie etwa die Okertalsperre sein; auch kleine, meist idyllisch im Wald gelegene Teiche, zum Beispiel der Silberteich oder der Bremer Teich, erfüllen diesen Zweck. Im Blauen See darf man so ganz offiziell, glaube ich, nicht baden, aber sein Wasser schimmert, vor allem im Frühjahr, in einer türkisblauen Pracht, die sich dann sommers in Smaragdgrün wandelt, dass manche Wanderer zwischen Hüttenrode und Rübeland es sich nicht verkneifen können, hineinzuspringen. Ein Geheimtipp ist er allerdings längst nicht mehr, im Sommer kommen zahlreiche Grüppchen an die steinigen Ufer. Ein großer Parkplatz in Seenähe trägt das Seinige zum Ansturm bei. Die betörende Färbung des Sees entsteht, ähnlich wie in Kroatien oder an der Isar, durch den hohen Kalkgehalt des Wassers, der See ist das Ergebnis eines Kalksteinbruchs. Natürlich kann man die heiß gelaufenen Wandererfüße auch einfach in der Bode oder in der Selke kühlen.

Es gibt ja Menschen, die ihre Freizeitaktivitäten gerne in Gruppen absolvieren. Dazu scheinen viele Wanderer zu gehören. Es gilt immer noch, was das Reisehandbuch »Der Harz« aus dem VEB F. A. Brockhaus Verlag (Leipzig) aus dem Jahr 1969 feststellt: »Ausflügler, die in karnevalistischen Kostümen lärmend durch die Wälder ziehen und glauben, ihr Ankommen anderen mit Fahrradklingeln oder lautstark heulenden Kofferradios kundtun zu müssen, sind bei ihren Mitbürgern meist wenig beliebt.« Für den Ruhe suchenden Wanderer ist zu empfehlen, dass er an Feiertagen und langen Wochenenden die Hotspots, als da sind Rosstrappe, Hexentanzplatz, Brocken, Torfhaus, am besten meidet. Im Harz gibt es, außer dem Wet-

106

ter auf dem Brocken, eigentlich keine Extreme. Dennoch kann man hier auf Extremisten, Ultras und Fundamentalisten treffen. Ich meine hochgerüstete, ausgezehrte und durchtrainierte Sportler, die am Wochenende nicht nur ihren Schweinehund besiegt haben, sondern sogar noch die Sau rauslassen. Da trifft man auf Textilfachverkäufer und Bankangestellte auf der Suche nach Adrenalin, rasende Mountainbiker, die sich Abfahrten hinunterstürzen. Besonders rund um die sportlichen TV-Großereignisse (Tour de France, Olympische Spiele, Iron Man) kann man sie beobachten. Marathon war gestern – im April findet der Hexenstieg-Ultralauf statt. Die Strecke misst 217 Kilometer und ist am Stück zu absolvieren.

Typisch für die Harzer Gebirgslandschaft sind die Blockhalden. Riesige steinerne Kuben liegen verstreut in den Wäldern und auf den Bergen, die Bäume klammern sich mit ihren Wurzeln daran, dazwischen sprießen Farne, und Rinnsale laufen auf den Wanderweg, die weiter unten am Berg zu Bächlein, schließlich zu Flüssen werden. Unwillkürlich zieht man den Kopf ein, wenn man an so einem Hang entlanggeht. Denn obwohl die granitenen Brocken tonnenschwer sind, sehen manche aus wie Würfel auf der Kippe, und man traut der Gravitation mehr zu als dem Gleichgewichtssinn der Steine. Dunkle Zwischenräume lassen Platz für allerhand Getier, Moose und Flechten besiedeln die Steinoberflächen.

Ganz im Gegensatz zu den kantigen Blocksteinhalden stehen die wollsackverwitterten Felsen. Wie der Name schon sagt, sieht der Wanderer hier eher gerundete Formen, die sich, ganz steinuntypisch, aneinanderzuschmiegen scheinen. Tatsächlich sind die Felsen von Wasser, Wind und Wetter so abgeschliffen, dass der Eindruck entsteht, viele nasse Wollsäcke lägen aufeinander und pressten sich so zusammen, dass sich jeder Sack an der Seite auswölbt. Sogenannte Felsenburgen entstehen dann: weitestgehend vegetationsfreie, frei stehende Felsen. Diese oftmals bizarren Felsformationen werden im Harz oft als Klippen bezeichnet. Die Schnarcherklippen, unterhalb von Schierke gelegen, sind ein solches Musterexemplar. Ihren Namen sollen sie erhalten haben, weil sie bei einem starken Wind aus südwestlicher Richtung einen Klang erzeugen, der dem Schnarchen nahekommt. Außerdem gibt es hier noch ein eigenartiges Phänomen: Die Magnetnadel des Kompasses wird von der Nordausrichtung abgelenkt. Vom Etikett des hiesigen Kräuterschnapses kenne ich auch schon die Feuersteinklippe. Nach ihr ist der Schierker Feuerstein benannt, ein leicht süßlicher Vertreter unter den Kräuterschnäpsen. Immer wieder bin ich beeindruckt, wie in dem Gebirge jeder Weg, jeder Baum (na, das vielleicht doch nicht), aber wohl jeder Fels seinen Namen bekommen hat. Auf Anhieb fallen mir allein folgende Klippen ein: Feigenbaum-, Gewitter-, Hahnenklee-, Hammerstein-, Höllen-, Kapellen-, Leisten-, Mause-, Paternoster-, Raben-, Sonnen-, Zeterklippe. Natürlich gibt es noch etliche mehr. Und dann kommen ja noch die ganzen -steine und -berge dazu. Es gibt auch zwei Haie: den Polster- und den Stöberhai, aber das sind auch Berge.

Ein besonderes Felsphänomen beginnt bei Blankenburg: die Teufelsmauer. Die so benannte Felsformation ist eine steil stehende Schichtrippe aus Sandstein mit Quarzadern, die am nördlichen Harzrand liegt. Sie ist etwa 25 Kilometer lang und kann nicht nur als Wandergebiet, sondern auch zum Klettern genutzt werden. Ähnlich wie in der Sächsischen Schweiz sind an besonders ausgesetzten Stellen Geländer oder Leitern angebracht, die das Wandern sicherer machen sollen. Hier befindet sich auch der »Hamburger Wappen« genannte Kletterfelsen. Er heißt so, weil er tatsächlich der dreitürmigen weißen Burg im Staatswappen der Hansestadt ähnelt. Seit den 1930er-Jahren trauten sich erste Klettersportler hier ran. Hier gibt es also nicht nur Kletterparks und Kletterwälder, im Harz sind auch circa 350 kletterbare Felsen ausgewiesen. Und obwohl die Teufelsmauer nicht im Nationalpark liegt, ist dies doch die Stelle, an der der Naturschutz begann. Schon 1935 hatte man die Teufelsmauer als Naturschutzgebiet ausgewiesen. Die merkwürdige Lage der Mauer im Harzvorland ist durch die Hebung der Harzscholle erklärbar. Die seltsam ausgeformten Felsen sind die Folge von Verwitterung und eiszeitlichen Gletscherabschürfungen.

Das wussten natürlich die Leute früher nicht, und so hat dieses Gebilde die Phantasie der Harzbewohner besonders angeregt. Es gibt mehrere Sagen, die sich um diesen Ort gebildet haben. Der Name sagt es schon, hier kann nur der Teufel zugange gewesen sein: Dieser hatte nämlich mit Gott gestritten, wer die Herrschaft über die Erde hätte. Sie einigten sich auf eine Wette. Gott wollte dem Teufel das Gebirge überlassen, wenn es ihm gelänge, innerhalb einer einzigen Nacht eine Mauer um den Harz hochzuziehen. Er selbst würde mit dem flachen Harzvorland vorliebnehmen. Der Teufel machte sich an die Arbeit. Er baute die ganze Nacht, bis nur noch ein Stein fehlte. Da kam eine Bauersfrau vorbei, die einen Hahn in ihrem Korb hatte, und dieser krähte den neuen Tag herbei. Der Teufel war außer sich vor Wut und riss die Mauer wieder ein.

Bodetal und Thale

Die Stadt Thale liegt am Fuß von Rosstrappe und Hexentanzplatz. Die beiden Felsen ragen 300 Meter darüber auf,
und wie der Name schon sagt, liegt der Ort im Tal der
Bode, die sich hier tief in die Berge geschnitten hat. Eine
Siedlung, die den Ursprung des Ortes bildete, ist schon
im 9. Jahrhundert nachzuweisen: Ein Dörfchen nahe dem
Kloster Wendhusen wird erwähnt. Dichter Wald und Erz-
vorkommen lieferten die Basis für die Ansiedlung von me-
tallverarbeitenden Betrieben, die aus dem kleinen Dörfchen im Laufe der Zeit eine Industriestadt machten. Im
15. Jahrhundert wurde diese Arbeit mit Waldschmieden
und Schmelzfeuern bewerkstelligt, und 1686 findet sich
eine feste Hammerschmiede, die Werkzeuge und Nägel
lieferte. Sie ist die Keimzelle des Eisen- und Hüttenwerks,
das im 20. Jahrhundert zu einem Stahl- und Walzwerk
wuchs, das bis zu 7500 Arbeiter beschäftigte. Erst im Jahr
1922 jedoch wurde Thale das Stadtrecht verliehen. Ab
1934 besaß man hier das Stahlhelmmonopol, und wie wir

alle wissen, hatte man damit bis 1945 ausgesorgt. Im Anschluss wurden die Helme zu Koch- und Nachttöpfen umgestanzt. Nach dem Ende der DDR war im Großen und Ganzen Schluss mit der Metallurgie, und die Produktionshallen wurden gesprengt. Wer sich genauer darüber informieren möchte, dem ist ein Besuch des örtlichen Hüttenmuseums zu empfehlen. Dort ist auch eine restaurierte Dampfmaschine zu sehen, die ihren Dienst von 1912 bis 1990 verrichtete. Merkwürdigerweise konnten die qualmenden Schlote des Stahlwerks nicht verhindern, dass sich der Ort zu einem beliebten Urlaubs- und Erholungszentrum entwickelte. Das Wort Feinstaub lag um 1830 wohl noch nicht in der Luft, vermute ich.

1834 pachtete der Thalenser Gutsförster die radon- und salzhaltige Quelle auf der Salzstrominsel. Er funktionierte kurzerhand seine Dienstwohnung um und verkaufte das heilende Wässerchen an Besucher. Die Geschäfte müssen gut gelaufen sein, denn wenig später kaufte er die ganze Insel und ließ ein Bad errichten. Das alles taufte er gemäß seiner Jagdleidenschaft »Hubertus« und verkaufte das komplette Paket dreißig Jahre später an einen Berliner Investor, Herrn Sieben, der für sich eine Villa und den Gästen weitere Bauten für den Hotel- und Badebetrieb errichtete. Herr Sieben war es auch, der Theodor Fontane, mit dem er befreundet war, aus der Mark Brandenburg hierher locken konnte. Dieser wurde ein regelmäßiger Besucher und ließ sich ganz unmittelbar inspirieren. Auf dem Balkon des Hotels »Zehnpfund« entdeckte er das leibliche Vorbild für seine Effi Briest, sein Roman »Cécile« spielt in Thale und Umgebung und wurde hier entworfen. Auch sein Werk »Ellernklipp« hat einen unmittelbaren Bezug zur Region: Der Autor fand Anregung in alten Ilsenburger Kirchenbüchern und schrieb diese Novelle nach einem historischen Kriminalfall. Fontane war 1868 das erste Mal im Harz, und da es ihm gefiel, sollten viele weitere Aufenthalte in Thale und Wernigerode folgen. Seiner Auffassung nach bekam ihm das Klima besonders gut. Dennoch legt er Berliner Sommerfrischlern, Personal aus seinem Roman »Cécile«, eine bissige Bemerkung über den Luftkurort in den Mund: »In den Zeitungen heißt es in einer allwöchentlich wiederkehrenden Annonce: ›Thale, klimatischer Kurort‹. Und nun diese Schornsteine! Na, meinetwegen; Rauch konserviert, und wenn wir hier vierzehn Tage lang im Schmok hängen, so kommen wir als Dauerschinken wieder heraus.« (Theodor Fontane: Cécile. In: Ders.: Werke, Schriften, Briefe. Abt. 1. Sämtliche Romane, Erzählungen, Gedichte, Nachgelassenes, Bd. 2. München. Hanser 1971, S. 151) Fontanes Urlaubsgesellschaften lassen sich jedoch von dem »Schmok« nicht weiter stören. Und so machen sie die klassischen Touren in die Umgebung: zur Rosstrappe, zum Hexentanzplatz, sie wandern nach Treseburg und Altenbrak. Smog muss man heutzutage nicht mehr befürchten, und die Touren kann man (zum Teil) bis heute genauso machen.

Um Siebens und Fontanes Zeit ging es auch so richtig los mit dem Fremdenverkehr: Neben dem Ausbau des Hubertusbads wurde der Eisenbahnanschluss in Betrieb genommen. Den Bahnanschluss gibt es noch immer, das können ja leider nicht alle Harzstädtchen von sich behaupten, und er bringt noch immer Ausflügler. Thale ist ein beliebtes Ziel, vor allem für Familien mit Kindern, die eine kleine Dosis Adrenalin gut finden. Man kann sich mit dem Sessellift auf die Rosstrappe oder mit der Kabinenbahn auf den Hexentanzplatz ziehen lassen, für das Abwärtsvergnügen gibt es eine Mountainbike-Downhill-Strecke und den Harzbob, der einen mit bis zu vierzig km/h auf Schienen und bei jedem Wetter tausend Meter nach unten befördert. Man kann die Kleinen auch in den Klettergarten oder den Tierpark schicken, bei schlechtem Wetter in die Thale-Therme gehen oder eben loswandern. Ruhigere Gemüter sind beim Minigolf oder im Sagenpavillon anzutreffen. Oben auf dem Hexentanzplatz kommt man sich ein bisschen wie auf dem Rummel vor. Es gibt Souvenirhäuschen, an denen ästhetisch bedenkliche Mitbringsel zu erstehen sind, Wurstbratereien und andere Fressbuden sowie Hexen-Rambazamba. Das Harzer Bergtheater, 1903 als »Grüne Bühne« auf dem Hexentanzplatz gegründet, bietet in den Sommermonaten Aufführungen von Operetten, Musicals und Kindertheatern, die vor der waldreichen Naturkulisse gespielt werden.

Auf die Idee mit dem Bergtheater wurde der Erbauer von einem Bekannten gebracht, der wiederum schon die Walpurgishalle auf ebendiesem Bergmassiv errichtet hat. Man steht vor einem hölzernen Häuschen, von oben schaut Wotan aus seinem Auge herab, er trägt Bart und Flügelhelm. Die äußere Gestaltung nimmt Bezug auf den Umstand, dass hier eine altsächsische Kultstätte war, steinerne Zeugnisse wie der Opferstein in der Halle erinnern daran. Genauso wie auf dem Brocken entwickelte sich aus diesem kultischen Ursprung der Glaube an einen Hexenversammlungsplatz. In der Halle hängen ringsum großformatige Gemälde, die Szenen aus dem »Faust« illustrieren. Das Ganze hat einen düster raunend-muffigen Charakter. Das könnte daran liegen, dass der Ideengeber und Maler Hermann Hendrich genauso wie der Bergtheatergründer Ernst Wachler der völkisch-religiösen Bewegung des wilhelminischen Reiches zuzurechnen war. Wachler versuchte, mit der »Germanischen Glaubens-Gemeinschaft«, den »echten Glauben der Deutschen« gegen den jüdisch-christlichen und lateinischen Einfluss herauf-zubeschwören. Hendrich gründete 1907 einen Bund, der die – offenbar kränkelnde – deutsche Kunst gesund machen sollte, indem »die harte Germanenfaust aus völkischen Empfindungswuchten mythisch-mächtige Walkürewolken gestaltet und aus düsterem deutschen Gestein Rolandsstatuen edlerer Begrifflichkeiten ahnungsvoll und sagenfreudig erzeugt«. Und was soll ich sagen? Genauso sehen seine Bilder aus. Der Herr ist übrigens Ehrenbürger von Thale.

Nicht ganz so ideologisch befrachtet, dafür eher nur für Kinder geeignet ist der Sagenpavillon auf der gegenüberliegenden Rosstrappe. Überhaupt geht es hier *etwas* ruhiger zu. Der berühmtesten Harz-Sage nach gelang der – sehr großen – Prinzessin Brunhilde der Sprung mit ihrem – sehr großen – Pferd vom Rosstrappefelsen auf den gegenüberliegenden Hexentanzplatz. Sie war auf der Flucht vor ihrem Verfolger, dem Ritter Bodo. Dieser setzte hinterher, stürzte aber in die Schlucht und in die Fluten. Seither heißt der Fluss Bode. Im Fels kann man den Hufabdruck des abspringenden Pferdes begutachten. In einer anderen Sagenversion ist es der Abdruck des ankommenden Pferdes. Jedenfalls ist er da und sieht tatsächlich aus wie der Abdruck eines riesigen Hufes mit vorstehenden Hufnägeln. Wenn es geregnet hat, steht er voll Wasser, und die Besucher werfen gerne Geldstücke hinein, weil das angeblich Glück bringt.

Nostalgische Gefühle stellen sich bei mir beim weiteren Lesen in Fontanes Roman »Cécile« ein: Da ziehen bunte Sängervereine und Menschen mit Botanisiertrommeln am gestickten Bande von Thale durch das Bodetal gen Treseburg. Das ist eine Wanderung, die ich glücklicherweise selbst einmal unternehmen konnte; es war eine der schönsten, die ich je gemacht habe. Nun muss man wissen, dass das Bodetal an dieser Stelle nicht nur eine spektakulär schöne Landschaft ausweist – manche haben das Tal schon den »deutschen Grand Canyon« genannt –, sondern auch eine Art Nadelöhr ist.

Hier spielte sich kürzlich eine Art Provinzposse ab. Da hat man sich touristisch angestrengt, den Harzer Hexenstieg ausgebaut, ihn am Tag der Deutschen Einheit 2003 eröffnet und es tatsächlich geschafft, diesen zu einem »Top Trail Germany«, wie man das heute nennt, zu machen – und da, eines Tages im Juni 2012, fallen Steine auf den Weg. Das soll im Gebirge schon mal vorkommen. Nun ist gerade der Abschnitt des Hexenstiegs betroffen, auf dem man sich an Wochenenden gelegentlich wie auf einem viel befahrenen Highway vorkommt, so viele Kinderwagen mit zugehörigen Familien sind dort unterwegs. Wenn Steine auf einen Weg fallen, wirft das natürlich die Frage auf, wem der Weg und wem die Steine gehören. Es stellt sich heraus, dass der Weg der Stadt gehört, die Steine aber von einem Hang bröckeln, der Eigentum des Landes Sachsen-Anhalt ist. Das Land hat eine Idee und will der Stadt die bröckelnden Hänge schenken. Die Stadt lehnt dankend ab. Sie fürchtet Einbußen durch ausbleibende Touristen und will den Weg wieder öffnen, das Land fürchtet sich aber vor der Schlagzeile »Steinschlag: toter Tourist« und verbietet die Öffnung des Weges. Es geht vors Gericht. Das betrachtet die Akten, Gutachten werden erstellt, ein Jahr vergeht. Der Gastwirt der Königshütte, eines beliebten Ausfluglokals just in diesem Abschnitt, macht dicht, nun kommt ja keiner mehr; Wanderer lassen es lieber gleich bleiben, anstatt eine Umleitung zu laufen. Dann scheint eine Lösung in Sicht: Der Landtag beschließt im August 2013 eine Million Euro in die Sicherung des Weges zu investieren. Der Zuständige sagt: »*Theoretisch* könnte sogar schon in der nächsten Saison der Weg wieder frei gemacht werden.« *Theoretisch* ist das Stück also im Sommer 2014 wieder begehbar. Verzeihung, liebe Harzer, natürlich schreibe ich diese Zeilen in der Hauptstadt aller Possen, die allerdings nicht so possierlich sind – der BER ist los, und wann der *praktisch* eröffnet, weiß keiner. Dafür habe ich keine Lösung. Für den Hexenstieg aber empfehle ich, solange der Zugang von hier zum Bodetal gesperrt ist, eine Alternativroute einzuschlagen. Es gibt etwas nördlich und südlich die Berge entlang gut markierte Wanderwege. Denn auch das nächste Ziel lohnt sich: Treseburg, ein verwunschener kleiner Talort, durch den die Bode fließt. An deren Ufern gibt es ein, zwei gute Gasthäuser, in dem die Forellen einem wie frisch aus dem Fluss auf den Tisch flutschen. Nach dem Trubel auf den Bergen ist das hier ein wundersam ruhiges Fleckchen.

Hochzeiten, Hexen,
Brockensplitter: Wernigerode

Weithin sichtbar thront das Schloss etwa hundert Meter über der Stadt auf dem Agnesberg. Wer sich den Aufstieg ersparen möchte, fährt mit einer kleinen Bimmelbahn herauf. Was wir heute sehen, ist dem historisierenden 19. Jahrhundert entsprungen, obwohl erste Anlagen an gleicher Stelle bereits ins 12. Jahrhundert datieren. Otto Graf zu Stolberg-Wernigerode beauftragte den Um- und Ausbau des Schlosses, die Arbeiten daran dauerten etwa drei Jahrzehnte bis 1883. Der Graf war als Großgrund- und Fabrikbesitzer nicht nur ein einflussreicher Mann in der Region, er hatte außerdem noch eine steile politische Karriere gemacht; in seinem höchsten Amt war er drei Jahre Bismarcks Vizekanzler. Die prunkvolle Neugestaltung des Schlosses diente vor allem auch der Repräsentation dieses Status. So erklärt sich auch, dass die neugotischen Gemäuer Wohntrakt und Arbeitszimmer von Kaiser Wilhelm I. beherbergen, die für etwaige Besuche eingerichtet wurden. Die weitläufige Anlage des Schlosses beansprucht viel Aufmerksamkeit, allein fünfzig Zimmer sind auf dem Rundgang zu besichtigen, darunter das Arbeitszimmer des Hausherrn und das Porzellankabinett. Das Ganze ist von hervorragender Kulissentauglichkeit, und so verwundert es nicht, dass von Scooter-Videos bis Märchenfilmen hier schon allerlei gedreht wurde. Ein besonderes Prachtstück des neogotischen Stils ist die Schlosskirche St. Pantaleon und Anna, deshalb wird sie besonders gern für Trauungszeremonien gebucht. Denn neuerdings kann man auch hier auf dem Schloss heiraten, nicht nur im Rathaus. In Wernigerode ist das Heiraten zu einer Art Industrie geworden. An keinem einzigen Tag des Jahres kann man durch die Stadt schlendern, ohne ein Brautpaar zu Gesicht zu bekommen.

Die Stadt nennt sich in ihrem offiziellen Motto »die bunte Stadt am Harz«, weil Hermann Löns sie so beschrieb. Der Autor des »Wehrwolf« trieb eben nicht nur in der Lüneburger Heide sein Wesen, sondern manchmal auch im Harz. Ein Gedenkstein, den der dankbare Harzklub Wernigerode 1929 am Hermann-Löns-Weg aufstellen ließ, erinnert daran. Nicht weit davon, in der Salzbergstraße, steht das erste Karl-Marx-Denkmal, das in der DDR errichtet wurde. Noch immer legen Delegationen der örtlichen DIE LINKE hier rote Nelken ab, wenn ein Marx-Feiertag ist. Heute gibt es auf ebendieser Straße weiter nichts zu sehen. Hier war aber mal was; ich nenne das jetzt einmal Ruinen-Spotting für Fortgeschrittene. Kürzlich wurde hier nämlich ein gelber Klinkerbau abgerissen, der jahrzehntelang leer stand und in der DDR als Frauenklinik genutzt worden war. Der Bau wurde praktisch nahtlos umgenutzt, denn früher hatte das Haus »Harz« geheißen und dem Lebensborn gehört. Unter dem

Codenamen »Standesamt 2« sind die Geburten der kleinen Arier verzeichnet worden. Was für ein schönes Denkmal-Dreieck zur jüngeren deutschen Geschichte könnte hier entstehen, wenn man eine Tafel o. ä. an dieser Stelle anbrächte.

Das berühmteste Haus der Stadt ist jedoch das Rathaus, es gilt als eines der schönsten in ganz Deutschland. Seine spitzen und zierlichen Erkertürmchen machen es unverwechselbar. Am gleichen Ort stand früher ein Spielhaus, eine Art öffentlicher Versammlungsplatz und Spielstätte für fahrendes Volk und Gaukler, bis man es um circa 1450 abriss und auf dem Fundament einen Unterbau und darauf wiederum eine Etage Fachwerk setzte. Diesen Aufbau kann man noch heute nachvollziehen, da das Rathaus von den vier Stadtbränden im 18. und 19. Jahrhundert verschont geblieben ist. Vermutlich weil das Rathaus so ein schönes Fotomotiv abgibt, kommen viele Paare hierher, um zu heiraten. Dafür gibt es Pauschalangebote und Tourismusförderung von der Stadt.

Das Rathaus war schon immer ein multifunktionales Gebäude. Zum Beispiel folterte man im Ratskeller die Personen, die der Hexerei bezichtigt wurden. In den Jahren 1521 bis 1609 wurden auf dem davorliegenden Marktplatz 32 Hexen verbrannt. Zwischen dem 15. und 18. Jahrhundert gab es im gesamten Harz Tausende Hexenverbrennungen. Angst einflößende Mächte sind die Hexen längst nicht mehr; jegliche Assoziation zu Schrecken und Schaudern ist verloren gegangen, Hexen sind zu folkloristischen Maskottchen geworden. Überall, in den Vorgärten und an den Häusern, sieht man Hexen. Außerdem sind sie beliebtestes Werbemotiv der örtlichen Dienstleister: kaum ein Logo ohne Hexe, kaum ein Gasthaus verzichtet auf die besenreitende warzige Alte als Dekoration. Auch die lokale

Bahnbetriebsgesellschaft nennt sich HEX, abgeleitet von Harz-Elbe-Express. Die Einheimischen sagen, wenn mal wieder Schienenersatzverkehr die täglichen Fahrten erschwert: »Der HEX ist wieder nicht in Ordnung.« Oder: »Ich geh mich beim HEX beschweren.« Zum Glück hat die Gesellschaft auf den Spruch »Geschwindigkeit ist keine HEXerei« verzichtet. Meistens klappt es aber gut mit dem regionalen Bahnfahren, es ist nur notwendig, dass man vorher auf die Homepage guckt, ob es irgendwelche Störungen oder Ersatzverkehrsmeldungen gibt. Das hält man bei der Bahn ja auch so. Von Berlin aus ist sogar eine sehr preiswerte Direktverbindung eingerichtet, sie verkehrt allerdings nur an den Wochenenden, und man muss sehr früh aufstehen, denn um 7.21 Uhr geht es vom Hauptbahnhof los.

Ansonsten macht man es in Wernigerode wie in den anderen Fachwerkstädtchen auch: Man geht einfach auf einen Spaziergang rund um das Rathaus und erkundet dann individuell die Altstadt mit ihren vielen schönen Fachwerkhäusern, von denen das Kleinste Haus, das Haus Krummel, das Handwerkerhaus und das Gothische Haus zu den bekannteren zählen. Besonderes Augenmerk sollte man auf den Detailreichtum der Schnitzereien an den Fachwerkfassaden legen: Hier gibt es neben den typischen Fächerrosetten, die einem schon öfter begegnet sind, auch Pferdeköpfe, Schreckensmasken, Heilige, Narren, derbdrollige Gesichter sowie Darstellungen typischer ortsansässiger Berufe zu entdecken.

Wernigerode ist außerdem der Ursprungsort einer kleinen süßen Spezialität, die als Brockensplitter bekannt ist. Mir ist sie noch aus Kindertagen vertraut, ich kann mich noch gut daran erinnern, dass es die längliche Packung in gedämpftem Grüngelb nur selten in der Kaufhalle gab.

Heute herrscht kein Mangel mehr daran, denn das Produkt scheint seine Kunden behalten bzw. neue erschlossen zu haben. Der Hersteller hat sich entschlossen, auf Ostalgie zu setzen, die Verpackung mit dem altmodischen Look hat man beibehalten. Die Süßigkeit wird seit 1935 hier produziert, mittlerweile in einer großen modernen Schokoladenfabrik vor den Toren der Stadt. Der Brockensplitter ist ein rautenförmiges Stück Haselnusskrokant, welches mit Bitterschokolade überzogen wird. Ich dachte immer, es heißt Brockensplitter, weil es unter der Schokoladenhülle hart wie der Brockengranit ist. Schmeckt noch immer köstlich. Ich glaube, unter Zahnärzten trägt das Produkt den einfachen Kosenamen »pures Gold«. Wer die ganzen Kalorien wieder ablaufen will, kann sich auf die Wanderwege direkt vor den Toren der Stadt machen. Ein sehr abwechslungsreicher Klassiker ist der Wanderweg über Steinerne Renne, Ottofels, Leistenklippe, Drei Annen Hohne, wobei man sich zu Start- und Endpunkt bequem der Harzquerbahn bedienen kann, die hier ihre gleichnamigen Haltestellen hat. Dreieinhalb bis vier Stunden sollte man dafür veranschlagen, und der Weg ist nicht ganz leicht, vor allem nicht, wenn man per Leitern den Ottofelsen erklimmen will. Die gleiche Zeit kann der Wanderer für die Hinstrecke einplanen, wenn der Weg zum Brocken führen soll. Auch hier lässt sich gut ab Bahnhof Steinerne Renne starten, dann geht es 850 Höhenmeter hinauf zum höchsten Berg des Harzes. Den Rückweg kann man in Kombination mit der Brockenbahn wieder mittels Schmalspurbahn bewerkstelligen.

Wo die V2 gebaut wurden:
KZ Mittelbau-Dora

In den letzten Jahren des Zweiten Weltkrieges wurde der Harz zum wichtigen Stützpunkt der deutschen Rüstungsproduktion. Zu diesem Zeitpunkt galt das Bestreben der Nazis wegen der alliierten Bombenangriffe einer möglichst kompletten Unter-Tage-Verlegung des Waffenbaus. Beste Voraussetzungen fanden sie in den zahlreichen Bergwerken und der heimischen Metallurgie. Zehntausende Zwangsarbeiter wurden hierher verlegt, ein ganzer Ring von KZ-Außenlagern umzog den Harz. In der Nähe von Nordhausen, am südlichen Harzrand, ist, mit der städtischen Straßenbahn zu erreichen, einer dieser dunkelsten Orte deutscher Geschichte zu besichtigen. Hitlers Wunderwaffen, die V1 und die V2 – V wie Vergeltung –, wurden auf der Insel Usedom in Peenemünde entwickelt und getestet. Im Sommer 1944 hatte die Rakete Produktionsreife erlangt. Zum Produktionsstandort wurde der Kohnstein nahe Nordhausen auserkoren. Die Geschäfte führte die Mittelwerk GmbH. Basierend auf einem früher bergmännisch genutzten Stollensystem wurde ein 250 000 qm großes Tunnelsystem angelegt. Die Verantwortlichen gründeten eine Außenstelle des KZ Buchenwald: das KZ Mittelbau-Dora. Als das System richtig angelaufen war, wurden von dem Außenlager wiederum Außenlager im Harzgebiet, etwa in Ellrich, errichtet. Zehntausende Häftlinge bauten die Stollen aus und stellten die Waffe in den unterirdischen Werkhallen her. Im Stollen 29 sind noch heute die Relikte der Waffenschmiede zu besichtigen. Überirdisch zeigen die Anlagen die Reste von Häftlingsbaracken und Unterkünften der SS-Wachmannschaften. Kurz vor dem Eintreffen der alliierten Truppen wurden die Häftlinge auf sogenannte Evakuierungsmärsche geschickt. Es müssen erschütternde Züge gewesen sein, die über die Straßen der Ortschaften durch den Harz getrieben wurden. Ein Verein, die »Spurensuche Harzregion e. V.«, hat es sich zur Aufgabe gemacht, an diese Zeit zu erinnern. Im Wegzeichenprojekt haben sie die Routen der Todesmärsche ausgemacht und Stelen zur Erinnerung aufgestellt. Zwischen August 1943 und April 1945 waren 60 000 Häftlinge im KZ Mittelbau-Dora. 20 000 überlebten das Lager nicht. Am 8. April 1945 rief das Oberkommando der Wehrmacht den Harz zur »Festung« aus, er sollte eine letzte Bastion sein, um den Vormarsch der Alliierten zu stoppen. Teile der 11. Armee, der Waffen-SS und des Volkssturms wurden zusammengezogen, und um Ellrich und Ilfeld kam es zu harten Kämpfen. Im Wesentlichen ließ sich aber nichts mehr aufhalten: Die alliierten Truppen umgingen den Harz auf ihrem Vormarsch zur Elbe zum größten Teil einfach, wobei die Rüstungsfabrik schnell und umfassend demontiert wurde. Einige leitende Angestellte wurden in Nürnberg vor Gericht gestellt, das nützliche wissenschaftliche Personal, etwa Forscher wie Wernher von Braun, kamen im Zuge der Operation Overcast in das Raketenforschungsprogramm der USA.

Nordhausen und Mittelbau-Dora haben übrigens auch ihre markanten literarischen Spuren hinterlassen. Sie sind Schauplätze der Handlung in Thomas Pynchons Roman »Die Enden der Parabel«, der zu den Klassikern der postmodernen Literatur gezählt wird. Er spielt gegen Ende des Zweiten Weltkriegs. Die Raketenforschung und die Produktion der Raketenwaffen sind so etwas wie die Leitmotive in dem Buch, das wie ein apokalyptischer Strudel von Motiven und Figuren auf den Leser einstürzt.

Kost the Ost: Nordhausen

Weil die Bombardierung der unterirdischen Stollen der Mittelwerk GmbH nicht sinnvoll war, konzentrierten sich die Alliierten auf die Zerstörung der umliegenden Logistik, wie etwa von Bahnlinien und dem benachbarten Nordhausen. Achtzig Prozent der Stadt lagen nach den Luftangriffen in Trümmern. Eine Ahnung davon bekommt man noch, wenn man an den vielen 1950er- und 1960er-Jahre-Bauten vorbeiläuft. Jede Menge Kunst am Bau gibt es hier noch: Kinder, die die Sonne grüßen, in die Zukunft schauende Werktätige voller Aufbau-Tatendrang. Ein schönes kleines Fleckchen Altstadt ist jedoch verschont geblieben. Rund um die Blasiikirche und den Dom zum Heiligen Kreuz kann man durch die Gassen spazieren. Weiter unten steht das Renaissancerathaus, davor wacht ein sehr roter Roland, der viel zu lange Arme hat.

Machen wir uns nichts vor, es ist eine Stadt für Genussmittelsüchtige. Tabakverarbeitung und Schnapsbrennerei haben hier eine prägende, mehrhundertjährige Tradition. Kurz nach der Wende überzog eine westdeutsche Tabakfirma das Beitrittsgebiet mit ihrem Slogan »Test the West«. Aus knarzigen Kehlen schallte es »Kost the Ost« zurück. Ostdeutsche Raucher konnten sich zunächst nicht daran gewöhnen, dass man bei den Westzigaretten gar nichts merkte. Beim Inhalieren musste doch ein Kratzen im Hals entstehen, wozu rauchte man denn? Die Marke Cabinet, die in der DDR noch 33 Prozent Marktanteil hatte, wurde dann perfiderweise vom Hersteller der West-Zigaretten übernommen. Die Treuhand schlug den VEB Nortak nämlich der Firma Reemtsma zu, die nach zehn Jahren Produktion den Standort wieder schloss. Deutschlands größte Kautabakfabrik war auch in Nordhausen zu finden, aber irgendwann im 20. Jahrhundert kam das Priemen aus der Mode. Heute kann man museale Reste der örtlichen Tabakverarbeitung besichtigen; ein Tabakspeicher aus dem 18. Jahrhundert dient nun als Museum. Allerdings ist es kein monothematisches, sondern ein Mehrzweckmuseum: Hier werden verschiedene Handwerke und Gewerbe, die für die Stadt von Bedeutung waren, verhandelt.

Mein Reiseführer empfiehlt mir ein schönes Jugendstilbad, und da ich mal wieder schwimmen möchte, mache ich mich dahin auf. Das Bad heißt Badehaus und sieht eigentlich nicht anders aus als ein x-beliebiges Spaßbad. Die sehr freundliche Frau am Tresen möchte mir die verschiedenen Möglichkeiten der Schwimmbadnutzung und Preise erläutern. Ich stehe ein bisschen fassungslos vor ihr – diesen Dialekt habe ich noch nie gehört. Plötzlich geht mir ein Licht auf, ich bin ja nun nicht mehr in Sachsen-Anhalt, sondern in Thüringen. Langsam höre ich mich ein, und es gelingt mir, schwimmen zu gehen. Das

Jugendstilbad entpuppt sich als ein Teil des Bades. Es handelt sich um eine Halle, die eine eindrucksvolle Dachkonstruktion hat und ein paar türkise Fliesen mit einem Löwenbrunnen am Kopfende des Beckens, das ist der ganze Jugendstil. Extra anreisen muss man dafür nicht. Als ich aus der Dusche komme, das Handtuch noch um die nassen Haare geschlungen, verabschiedet die Badekraft mich mit »Na, zum Sultan befördert?«.

Später gehe ich die Allee hinunter, die früher Lenin hieß und an der gar nicht so viele Bäume stehen. Ein süßlicher Geruch liegt in der Luft. Zwei große Türme in Form zweier Schnapsflaschen tauchen auf, das muss die Brennerei sein. Offenbar hat man neben den Klassikern Nordhäuser Korn und Doppelkorn noch ein drittes Produkt namens Eiskorn auf den Markt geworfen und vor die riesengroßen Nordhäuserflaschen noch ein gewaltiges Mammut gestellt, offenbar ein Maskottchen. Seit 1507 ist die Branntweinherstellung hier urkundlich bezeugt, um 1750 hatten circa hundert Brennereien in der Stadt ihren Sitz, damit war die Spitze erreicht. Ganz Preußen beduselte sich an dem Nordhäuser Produkt, da kann so ein bisschen Regionalstolz auch nicht schaden, denke ich, als ich an der davorliegenden Straßenbahnhaltestelle warte. Es ist früher Mittag und zwei stark angetrunkene Männer streiten sich um einen Fahrschein. Sie sehen aus, als wären sie geradewegs aus der Schnapsfabrik gepurzelt. Zum Glück kann ich sie überhaupt nicht verstehen und steige in die Bahn Richtung Bahnhof, denn ich suche ein Hotelzimmer. Doch beim ersten Hotel werde ich abgewiesen, und mir wird der Weg zu einem anderen erklärt. Ich folge der Wegbeschreibung und lande nun im Bahnhofsviertel. Gut, das ist in keiner Stadt die beste Gegend. Ungläubig sehe ich auf die Straßenschilder, doch, ich bin richtig. Ich sehe nur Fabrikmauern und Abrisshäuser. Auf dem kurzen Weg drehe ich mich immer wieder um; obwohl helllichter Tag, bin ich ganz allein in dieser tristen Gegend. Tatsächlich stehe ich nun vor dem Schild »Zur guten Quelle«; ein handgeschriebener Zettel an der Eingangstür besagt »Vorübergehend geschlossen«. Ich bin froh und gebe es auf. Manchmal soll der Reisende sein Schicksal nicht herausfordern. Hier gibt es nicht nur einen Fernbahnhof, sondern auch die Endstation der Harzquerbahn. Ich nehme den nächsten Zug raus aus der Stadt.

FKK mit Kafka

Nicht nur Fontane, Novalis, Goethe und Heine haben ihre literarischen Spuren hinterlassen, die in Form von nach den Dichtern benannten Wanderwegen und Felsformationen dem Besucher überall gegenwärtig sind. Weniger bekannt ist, dass auch der neurastheniegeplagte Franz Kafka zu einem der Verbesserung seiner Gesundheit dienenden Aufenthalt im Harz weilte. Er besuchte den »Jungborn«, eine 1896 von Adolf Just gegründete Kureinrichtung bei Stapelburg. Das war eine zeittypische Einrichtung des beginnenden 20. Jahrhunderts, die dem industrialisierungsgeschädigten Bürgertum mit seiner »Zurück zur Natur«-Maxime praktische Hilfe leisten wollte. Maßnahmen wie vegetarische Ernährung, Lichtbäder, gymnastische Übungen an der frischen Luft, am besten nackt unternommen, sollten die Gesundheit der schwächelnden Patienten wieder kräftigen. Die Ideen wurden gut aufgenommen, der »Jungborn« wuchs ständig und stellte sich auf die stetig ansteigenden Besucherzahlen ein. Auch die

Unterbringung der Gäste sollte möglichst naturnah erfolgen und eine direkte Einwirkung der frischen Harzluft ermöglichen. Und so bezog Kafka im Sommer 1912 ein »Lichtlufthäuschen«, das auf freier Wiese stand. Klappte er die flexiblen Wände seiner Hütte zur Seite, um Sonne und Luft an seinen ausgemergelten Körper zu lassen, sah er »alte Herren, die nackt über Heuhaufen springen« (Franz Kafka: Reisetagebücher. S. Fischer Verlag. Frankfurt/M. 2008, S. 98). Das Damenabteil war streng abgetrennt. Zwar zierte sich Kafka anfangs, sich der allgemeinen FKK-Maxime zu unterwerfen – nach eigener Aussage war er sogleich als »Mann mit der Schwimmhose« bekannt –, doch lockerte sich seine Einstellung dann schließlich so weit, dass er seinem Kurfreund, dem Beamten Friedrich Schiller aus Braunschweig, sogar als Aktmodell diente. Nach drei Wochen war Kafkas Kur beendet.

Der »Jungborn« prosperierte, und die Eigentümer investierten in den Ausbau von festen Häusern und modernen Einrichtungen wie einer Kanalisation. Der Zweite Weltkrieg krempelte dann den Betrieb der Naturheilanstalt komplett um: Sie wurde zum Kinderlandverschickungslager, Lazarett und Krankenhaus. Nach Kriegsende wurden die Grenzen neu gezogen, das Gelände befand sich nun in der Sowjetischen Besatzungszone. Also beschlagnahmte man das Ganze und betrieb es noch einige Jahre als Krankenhaus, bis es 1964 abgerissen wurde, weil es genau innerhalb der Sperrzone der innerdeutschen Grenze lag. Nach dem Abbau der Grenzanlagen im Jahr 1990 kümmerten sich die Familie der Alteigentümer, ein Verein und eine gemeinnützige GmbH darum, das ursprüngliche Gelände wieder freizulegen.

98 Jahre nach Kafkas Erfahrung an der frischen Harzluft haben Anhänger der Freikörperkultur Deutschlands

130

ersten Nacktwanderweg in Betrieb genommen. Südlich des Wipperstausees kann man seit 2010 auf dem Harzer Naturistenstieg auf zwei Wegen von je dreizehn Kilometern die Seele und alles andere baumeln lassen. Passend dazu ist zu bemerken, dass in Braunlage eine Nacktrodel-WM ausgetragen wird. Allerdings hat dieses von einem Radiosender veranstaltete Vergnügen möglicherweise doch nicht so viel mit der Freikörperkultur zu tun – vielleicht ist es doch eher Voyeurismus in Reinkultur. Bisherige Höhepunkte waren jedenfalls die Auftritte von Pornostars und Unterwäschemodels. Beim letzten Mal, im Winter 2012, waren 25 000 Besucher angereist. Momentan hat der Radiosender jedoch offenbar Schwierigkeiten, die Finanzierung auf sichere Füße zu stellen. Ein weiteres Spektakel waren die Pyro Games on Snow, die auf der Skiwiese am Rathaus stattfanden, deren Veranstalter aber keine weiteren Pläne hier hat, weil die erhofften Einnahmen ausblieben. Irgendwie hoffe ich ja, dass der Trend zu solchen Großveranstaltungen etwas abflaut, ansonsten gilt für Leute wie mich eben die Empfehlung »Bitte umfahren Sie den Bereich weitläufig.«

Der Karstwanderweg

Die schöne Vorstellung ist ja die, dass man auf einem Meer herumläuft. Das tut man zwar schon die ganze Zeit, aber hier wird es ein wenig fassbarer. Wie soll man sich auch sonst 250 Millionen Jahre vorstellen? Ich glaube, das fällt jedem schwer. Die Imagination wird eben ein bisschen konkreter, wenn ich mir vor Augen halte, dass das weißliche oder gräuliche Gestein vor mir einmal eine Korallenbank mit vielen, vielen Meerestieren war. Das Meer dampfte ein, weil es so heiß war, dann fällten sich verschiedene Salze aus, und es wurde so salzig, dass nur noch Extreme liebende Einzeller darin leben konnten. Dann wurde es wieder besser und aus der konzentrierten Sole ein lebensfreundlicheres Gewässer. Alles begann von vorn, bis wieder haiartige Fische drin schwammen. Das Ganze wiederholte sich einige Male. Und auf diesen ganzen Schichten und Hinterlassenschaften laufen wir hier.

Der südliche Karstwanderweg unterscheidet sich von allen anderen Wanderwegen, die ich bisher durch den

Harz und sein Vorland genommen habe. Wie der Name schon sagt, zieht er sich am südlichen Harzrand entlang. Förste nahe Osterode im Westen und Pölsfeld nahe Sangerhausen im Osten sind seine Endpunkte. Der Weg verläuft nicht geradlinig, sondern führt den Wanderer zu den typischen Ausbildungen der Karstlandschaft, sodass sich insgesamt viele Variationsmöglichkeiten und über 200 Kilometer Wanderstrecke ergeben, obwohl die jeweiligen Endorte nur gute hundert Kilometer auseinanderliegen.

Der Karst ist zunächst einmal kein Gestein, sondern eine bestimmte Landschaftsausformung, die sich durch die Gesteinsbeschaffenheit ausbildet. Gips und Dolomit sind hier im Südharz die am häufigsten verbreiteten steinernen Grundlagen dafür. Und da sie relativ leicht wasserlöslich sind, fließt das Wasser nicht oberirdisch in Flüssen oder ähnlichen Wasserwegen oberhalb der Gesteine ab, sondern läuft hindurch und löst den Stein praktisch unterirdisch auf. Dadurch ergeben sich ein unterirdisches Entwässerungssystem und verschiedene charakteristische Formen, die man teilweise nur hier vorfinden kann. Im Gegensatz zu sonstigen erdgeschichtlichen Dimensionen, in denen man eher mit Millionen Jahren Dauer rechnen muss, laufen diese Veränderungen hier rasend schnell ab. Im Laufe von Jahrtausenden entstehen nämlich Höhlen, Spalten, sogenannte Dolinen (also Wiesensenken), Erdfälle (eingebrochene Höhlendecken) und Karstquellen. Das sind natürlich immer noch lange Zeiträume; man könnte meinen, für ein Menschenleben immer noch zu lang, um etwas zu bemerken. Aber dem ist nicht so. Durch den hohen Gipsanteil im Südharz ist beispielsweise eine derartige Vielzahl an Höhlen entstanden, dass man sich diesen Abschnitt des Gebirges unter der Vegetationsdecke wie einen gut durchlöcherten Käse vorstellen kann. Und so kommen jedes Jahr neue Erdfälle hinzu, und man weiß eigentlich nie so genau, wo die nächste Einbruchstelle sein wird.

Für den Wanderer hat das natürlich besondere Konsequenzen. Nicht nur, dass er die Gelegenheit hat, wenn er von Jahr zu Jahr auf diesem Weg unterwegs ist, einige erdgeschichtliche Entwicklungen mit ansehen zu können, er sollte auch tunlichst auf den markierten Wegen bleiben. Wer will schon durch die Decke einer Gipshöhle fallen? Dolinen treten als Dellen in einer Wiese zutage. Von Weitem könnte man denken, dass hier ein unordentlicher Teppichverleger am Werk war, der auch noch Probleme mit der Wasserwaage hatte. Das Phänomen wirkt auch ein bisschen gespenstisch, weil die Dellen eine gewisse Regelmäßigkeit haben und man sich fragt, wer diese wohl hergestellt hat. Aber wirklich lange gegrübelt hat man meistens nicht über solche Erscheinungen. Die Einheimischen kamen schnell zu einer Lösung des Rätsels, wem solcherlei Werk zuzuschreiben ist: dem Teufel. Folgerichtig liegen östlich von Osterode die »Teufelsbäder«, ein 84 Hektar großes Naturschutzgebiet, bestehend aus moorigem Untergrund und kleinen Teichen. Das Wasser für das Gebiet entspringt dem Teufelsloch. Das macht seinem Namen alle Ehre und sieht mit seinen sumpfigen Rändern und seiner milchig-trüben grünblauen Brühe unheimlich aus. Hier möchte man auf keinen Fall reinspringen, auch wenn es noch so heiß wäre. Das Teufelsloch wird aus einer Karstquelle gespeist, die unerschöpflich scheint. Der Sage nach haust hier der Teufel in Gestalt eines großen, hässlichen Fischs mit tödlich-scharfem Gebiss. Irrlichter locken die Menschen ans Loch, damit sie auf Nimmerwiedersehen darin verschwinden. In der Dämmerung wird es besonders gruselig, und wenn dann auch noch Nebel aufsteigen, mache ich mich lieber wieder vom Teufelsacker. Da ich im Südharz unterwegs bin, schaffe ich es in dieser Nacht nicht mehr, mit öffentlichen Verkehrsmitteln in den Norden zu meiner Hütte zu kommen. Denn obwohl auch diese abgelegene Gegend ganz gut vernetzt ist, verkehren manche Verbindungen nur zweimal am Tag. Alternativ zur Harzüberquerung könnte man natürlich wieder außen an den Rändern herumfahren, aber auch dafür ist es jetzt zu spät, ich würde wohl irgendwo auf der Strecke die Nacht verbringen müssen. Ich kann mich also gleich hier nach einer Übernachtungsmöglichkeit umschauen.

Die Auswahl an Bleiben ist nicht groß. »Zum Venediger« ist das einzige offene Haus im Ort, untere Mittelklasse, würde ich sagen, alles scheint gut. Ich kann auch nicht mehr laufen und bin ziemlich erschöpft. In solchen Situationen kriegt man ja oft einen Tunnelblick. Alles, was man noch will, ist ein warmes Essen und ein Bett. Offenbar bin ich der einzige Gast, merke ich beim Abendessen in der kleinen Wirtsstube. Der Wirt steht hinter seinem Tresen und poliert ein paar Gläser, während ich eine anständige Gulaschsuppe löffle, das einzige warme Gericht, das vorrätig war. Wieso wird so ein sperriger Charakter eigentlich Wirt, frage ich mich gerade insgeheim, da scheint ihm der rechte Augenblick gekommen, sein Leben vor mir auszubreiten. Er stammt gar nicht von hier, sondern von der Ostseeküste, wo er gerade ein Hotel aufgeben musste, weil sich seine Frau scheiden ließ. Merkwürdig, danach hatte ich ihn doch gar nicht gefragt. Jetzt ist er in Fahrt, ich merke, dass es auch eine Verdammnis sein kann, der einzige Gast zu sein. Mir fallen über der Gulaschsuppe langsam die Augen zu. Endlich schaffe ich es doch, mein Zimmer zu beziehen, und bevor ich in tiefen Schlaf sinke, denke ich noch an Heine, der wusste »Es ist eine alte Geschichte, / Doch bleibt sie immer neu; / Und wem sie just passieret, / Dem bricht das Herz entzwei.« (Heine, Werke I. Gedichte, S. 45. Ein Jüngling liebt ein Mädchen)

Tock, tock. Tock, tock, kommt der Wirt morgens die Treppe herauf. Ich hatte gestern gar nicht bemerkt, dass er ein Holzbein hat. Jetzt fällt mir auch ein, an wen er mich erinnert: an Long John Silver, den gemeinen Wirt aus der »Schatzinsel«. Er klopft, um zu vermelden, dass das Frühstück fertig ist. Das ist allerdings gut, es gibt nicht diesen üblichen abgepackten Kram, sondern frische Harzer Wurstplatte mit wohlschmeckenden Sorten. Beim Bezahlen merke ich dann, dass ich in meinem gestrigen Erschöpfungstaumel wohl nicht richtig hingehört habe, als der Wirt den Preis für das Zimmer nannte. Long John Silver knöpft mir einen horrenden Betrag ab, der gerade mal für die Juniorsuite in einem Fünfsternehaus angemessen wäre. Wahrscheinlich hat er das ganze Hotel mit erbeutetem Piratengeld gekauft. Heute muss er dafür nicht mehr zur Ostsee fahren, er nimmt einfach die Gäste aus, die zu ihm kommen.

Ich frage noch einmal ungläubig nach. Doch, das ist der Preis. Ob er mir denn eine Quittung geben könne? Nein, unter gar keinen Umständen, er habe keinen Büroschlüssel. Ich sähe ja selbst, dass nur ich und er hier seien. Komischerweise wird *er* immer säuerlicher, ich hingegen bin einfach nur geschockt. Aber da ich nicht mit durchschnittener Kehle in irgendeinem Teufelsloch gefunden werden will, zahle ich. Ohnehin ist man ja viel leichter ohne die vielen Gold- und Silbermünzen, die die Taschen unnötig ausbeulen, und so tragen mich meine Beine in Windeseile weiter auf dem Weg.

Mein nächstes Ziel ist eine Karsterscheinung, die es so nur hier und in Nordamerika geben soll. Steht man vor den Zwergenlöchern bei Scharzfeld, denkt man, dass sie eigentlich aussehen wie dieses aufgefluffte indische Brot. Sie heißen aber nicht Batura-Löcher, sondern eben Zwergenlöcher, weil man sich in der Gegend erzählte, dass es die Wohnhöhlen von Zwergen waren. Es gibt sogar eine Sage, die bis auf den Namen die gleiche Geschichte wie die vom allseits bekannten Rumpelstilzchen erzählt. Das einheimische Fidlefitchen hat sogar einen identischen Wochenplan wie das Grimm'sche Rumpelstilzchen: »Heute back' ich / morgen brau' ich / und übermorgen hol' ich der Königin ihr Kind!« Es ist also eine ziemlich phantasieanregende Gegend, und irgendwie muss ich immer noch an das indische Brot denken, als ich höre, wie diese Hohlräume entstehen. Das Gestein Anhydrit wird durch Wasser langsam in Gips verwandelt, und da dieser ein größeres Volumen hat, muss er sich ausdehnen. So bilden sich durch das Aufquellen Hohlräume in dem weichen Gestein, und wenn dies dann an einer Seite einbricht, kann man in die Blase, respektive Minihöhle hineinsehen. Das Ganze dauert lediglich ein paar Hundert Jahre. Die größeren Höhlen brauchten in ihrem Entstehen natürlich ein bisschen länger. Die »Heimkehle« nahe Uftrungen ist so ein Beispiel. Der Name soll auf die Bezeichnung »geheimer Keller« zurückgehen. Sie ist nicht nur eine der größten Gipskarsthöhlen Deutschlands, die als Besucherhöhle geöffnet ist, sie hat auch eine ähnliche Geschichte wie der Kohnstein hinter sich, nämlich als Produktionsstätte der Nazirüstungsindustrie. Um die Höhle als solche herzurichten, mussten zunächst die unterirdischen Seen zubetoniert werden und Verbindungs- und Transportstollen aus dem Stein gesprengt werden.

Anschließend stellten die Junkers-Werke hier Teile der Ju 88 her. Auch hier schufteten sich die KZ-Häftlinge vom Mittelbau-Dora zu Tode. Angeblich sind in dem verzweigten Höhlensystem noch heute Maschinen zu finden, die die Alliierten schlicht nicht gefunden haben oder deren Zerstörung bzw. Abtransport zu aufwendig war. Nach dem Krieg baute man so viel wie möglich zurück, wobei sich viele der Versiegelungen als so hartnäckig erwiesen, dass man sie stehen lassen musste. Seit 1954 ist sie als Besucherhöhle wieder eröffnet.

Die Ausdehnung und Mächtigkeit des Gipsgesteins ist ein in Deutschland einmaliges Vorkommen, und so hat man einen Teil der Region als »Biosphärenreservat Karstlandschaft Südharz« dem besonderen Schutz unterstellt. Der Name weist darauf hin: Nicht nur die Gesteine und ihre Verwitterungsformen, sondern auch die sich darauf entwickelnde Flora und Fauna sind ganz spezifisch ausgeprägt. Die landwirtschaftliche Nutzung des Karstgebietes war, zum Glück für viele Arten, nicht oder nur bedingt möglich, sodass sich schöne Buchenwälder und Freiflächen erhalten haben. Allein über 400 Pilzarten kommen hier vor, und auf den Trockenwiesen wachsen seltene Orchideen und Enziane. Zaun- und Waldeidechse, Feuersalamander, Kreuzotter und Ringelnatter fühlen sich hier wohl. Die vielen tausend Hohlräume des Karsts dienen den Fledermäusen als ideales Winterquartier. Und da alle Fledermausarten auf der Roten Liste der vom Aussterben bedrohten Säugetiere stehen, ist es schön, dass im Biosphärenreservat neunzehn Arten nachgewiesen werden konnten. Auch andere nachtaktive Tiere wie die Siebenschläfer aus der Familie der Bilche leben hier. Außerdem über 200 Vogelarten, darunter Uhus, Steinkäuze und Schwarzstörche. In den mit Wasser gefüllten Erdfällen finden zahlreiche seltene Insekten und Amphibien ihren geeigneten Lebensraum, eine Vielzahl von Libellenarten, Kröten und Molchen kann beobachtet werden. Zurzeit arbeitet man daran … oder sagen wir lieber, es wurde in letzter Zeit schon einmal darüber nachgedacht, das Reservat auf seine natürliche Ausdehnung auszuweiten. Natürlich ist das eine schrecklich komplizierte Sache, da ja wieder drei Bundesländer involviert sind, die alle nicht nur sich selbst in der Sache koordinieren müssen, sondern dann auch noch miteinander etwas vereinbaren müssten. Man kann nur hoffen, dass bis dahin dann bei der Erstellung der nächsten Roten Liste die Gefährdungskategorie o (Null) nicht noch häufiger auftaucht. Sie steht nämlich für »Ausgestorben oder verschollen«.

In den Klöstern: Kloster Walkenried und Kloster Michaelstein

Ebenfalls am südlichen Harzrand, zwischen Ellrich und Bad Sachsa, liegt das Kloster Walkenried. Zuerst fallen dem Besucher die riesigen gotischen Fensterbögen auf, die aus dem kleinen Ort herausragen. Das sind die Reste der Klosterkirche, deren Zerstörung mit den aufständischen Bauern während des Bauernkriegs begann. Danach wurde die Kirchenruine jahrhundertelang, bis ins 19. Jahrhundert hinein, als Steinbruch benutzt. Bauten in den umliegenden Ortschaften zeugen davon. Das Kloster gehört zum UNESCO-Weltkulturerbe und ist eine Gründung der Zisterzienser aus dem Jahre 1127. Die neben der Restkirche liegenden Klostergebäude sind vollständig erhalten. In ihnen wurde ein Museum eingerichtet, das im Jahr 2006 eröffnete. Es ist eines der größten Klostermuseen Europas und veranschaulicht das Leben der Mönche. Das waren nicht nur fromme Männer, die nach besonders strengen Ordensregeln lebten und den ganzen Tag beteten. Das Kloster war eine Zeit lang *die* Wirtschaftsmacht der Region. Bergbau, Fischzucht, Landwirtschaft – der »weiße Konzern«, benannt nach den hellen Kutten der Gottesmänner, hatte alles im Griff. Auch der schöne Kreuzgang wurde restauriert und wird für klassische Konzerte genutzt.

Als besonderes museumspädagogisches Schmankerl hat man die »Kinderklappe« erfunden, was mich nicht wenig erschreckt. War es nicht in den gerade anschaulich geschilderten Zeiten Usus, ungewollte Kinder auf den Stufen eines Klosters auszusetzen oder den Wachhabenden das schreiende Bündel durch die Türklappe zu reichen? Kommt nicht das Wort »Babyklappe« daher? Na ja, offenkundig werden hier keine Kinder verklappt. Die Kinder sollen sich – anscheinend sind sie ja alle multimedial verdorben – im Museum nicht langweilen. Und so können sie die Kinderklappen suchen, hinter denen sich zusätzliche Bilder und Erklärungen zu den Exponaten verbergen. Die lieben Kleinen sind natürlich auch willkommen, wenn einmal im Jahr, im September, in Walkenried richtig was los ist: Zum Klostermarkt reisen circa dreißig Ordensgemeinschaften aus ganz Deutschland, Österreich und Tschechien an. Nonnen und Mönche bringen die Produkte mit, die sie in ihren Klöstern produzieren. Köstliche Dinge werden an den zahlreichen Ständen angeboten, die Besucher können sich an frischem Brot, bayerischem Bier, Käse, Wein und vielem mehr laben.

Jetzt überqueren wir einmal den ganzen Harz und landen nahe Blankenburg am nördlichen Harzrand. Hier liegt das Kloster Michaelstein. So wie manche ältere Damen nie auf die Straße gehen würden, ohne zuvor die Spezialcremes für Augenränder und Dekolleté aufzutragen und mit kreisenden Fingerspitzen einzumassieren, zeigt sich auch die Klosteranlage dem Besucher energisch gepflegt. Hier wurde einmal durchsaniert. Die beeindruckende Anlage mit Kreuzgang, Kapitelsaal, Refektorium, Kräutergarten und Klosterteich ist ebenfalls eine Gründung der Zisterzienser und auf jeden Fall einen Besuch wert, auch wenn die Klosterkirche nicht mehr steht. Für musikalisch Interessierte ist sie sogar ein Muss, denn das Kloster steht heute ganz im Zeichen der Musik: Hier sitzt ein Institut, das sich um die Aufführungspraxis des 18. Jahrhunderts kümmert, die Landesmusikakademie Sachsen-Anhalt; obendrein ist dem Ganzen ein Museum für historische Instrumente angeschlossen. Regelmäßig werden Konzerte aufgeführt. Nach dem Kulturgenuss sollte man unbedingt Zeit für das leibliche Wohl einplanen, denn auch ein gutes Fischrestaurant gibt es hier.

Feucht- und Heißgebiete: Das Wasserregal gibt's nicht bei IKEA

Im Harz regnet es sehr viel, besonders vom Westen her kommen die Niederschläge herangezogen, im Jahresdurchschnitt 1600 Millimeter, man spricht von der Luvlage. Leeseitig, im Osten und Südosten, sind es dann nur noch 600 Millimeter. Das Wasser muss irgendwohin. Man findet es im ganzen Harz wieder, natürlich fließend oder künstlich gelenkt. Überall sind Flüsse und Bäche, die bei starken Regenfällen entsprechend anschwellen, und darüber hinaus allerorten Quellen, Teiche, Stauseen, Gräben. Energieerzeugung, Hochwasserschutz und Trinkwasserversorgung stehen heute bei der Bewirtschaftung im Vordergrund, zu Zeiten des Bergbaus hatte die Nutzung der Wasserkraft und die Entwässerung der Stollen Priorität. Rund um Clausthal-Zellerfeld kann man die Oberharzer Wasserwirtschaft besichtigen, die 2010 auch in die Liste des UNESCO-Weltkulturerbes aufgenommen wurde und damit zu dem Komplex Bergwerk Rammelsberg und

Altstadt Goslar gehört. Die Wirtschaft wird auch »Oberharzer Wasserregal« genannt, aber das ist natürlich kein Regal, wie wir es zu Hause stehen haben, sondern ein System zur Leitung und Stauung von Wasser. Der Ausdruck »Regal« stammt von Regalien, den königlichen Hoheitsrechten. Ausgebaut und genutzt wurde das System vor allem vom 16. bis zum 19. Jahrhundert und die UNESCO würdigte mit der Aufnahme ein »Meisterwerk früher Bergbau- und Ingenieurskunst«. Das Wasserregal regelte die Wasserabfuhr und -zufuhr des Bergbaus und diente ihm als Energielieferant. Insgesamt gab es über die Jahrhunderte 143 Stauteiche, 500 Kilometer Gräben und 30 Kilometer Wasserläufe, und noch heute werden davon 65 Stauteiche, 70 Kilometer Gräben und 21 Kilometer Wasserläufe (das sind Unter-Tage-Gräben) in Betrieb gehalten. Die Verantwortlichen haben 22 WasserWander-Wege geschaffen, auf denen man das Gelände erkunden kann. Damit aber nicht genug. Dem zivilisationsgeschädigten Besucher mit dem einen oder anderen Zipperlein wird außerdem Heilklimawandern angeboten. Was das ist? Ich würde sagen, früher nannte man es einfach Abhärten an der frischen Luft. Aber das kann man schlecht verkaufen, und außerdem will mancher Tourist gerne Anleitung und wissenschaftlich-medizinische Erklärungen für das Draußensein. Obwohl die Gegend wie gemacht ist für das beliebte Umsonst und Draußen-Prinzip.

Ein späteres Meisterwerk der Ingenieurskunst stellt die Rappbodetalsperre dar. Mit 106 Metern verfügt sie über die höchste Staumauer Deutschlands. Man kann sie mit dem Auto auf der Mauerkrone überqueren, natürlich geht das auch zu Fuß. An der frisch restaurierten Tunneleinfahrt künden zwei Inschriften in großen Bronzelettern und ohne Interpunktion von der Entstehung: »Die sozialistischen Produktionsverhältnisse unseres Arbeiter- und Bauernstaates/Die großen Leistungen der am Bau beteiligten Arbeiter Techniker und Ingenieure waren die Grundlagen der Entstehung dieses Werkes/Anerkennung und Dank den Erbauern«, und auf der anderen Seite sind die folgenden Fakten für die Ewigkeit notiert: »Die Rappbodetalsperre/Ein Großbau des Sozialismus/Grundsteinlegung am Tag des Friedens 1952/Übergeben am 3. Oktober aus Anlass des zehnten Jahrestages der Deutschen Demokratischen Republik«. Die Talsperre hat nicht nur die größte Staumauer, sie ist auch die größte im Harzgebiet. Aber ganz ehrlich und unter uns – Stauseen ähneln einander doch beträchtlich. Gut, sie variieren hinsichtlich der Ausdehnung und der Höhe der Staumauer, und manchmal sind sie von Fichten umstanden, während manchmal nur Kiesel oder größere Steinbrocken drum herum liegen. Manchmal führt die Straße direkt auf der Staumauerkrone entlang wie hier, manchmal folgt sie kilometerlang dem Seeufer wie bei der Sösetalsperre. Aber im Grunde ist es immer das Gleiche: große künstliche Seen in waldreichen Gebieten. Das dachten sich womöglich auch die Bewohner und bieten nun ein bisschen Action an: Im nächsten Ort hinter der Talsperre, er heißt Rübeland, wirbt ein großes Plakat für die Ausschüttung von »Harzdrenalin«. Diese soll man erlangen, wenn man a) mit einem Segway durch die Landschaft braust oder sich b) an der Staumauer waagerecht laufend abseilt. Das heißt dann Wallrunning. Über beide Sachen muss ich mich erst mal aufklären lassen. Segways sind diese komischen Roller, die elektrisch betrieben werden. Man steht zwischen zwei großen Reifen auf einem Brettchen und hält eine Lenkstange. Das Gleichgewicht wird irgendwie elektronisch hergestellt, ich kenne die Dinger bislang nur aus dem Fernsehen. Beim Wallrunning lässt man sich in ein Geschirr schnallen und wird dann mittels Seilen, Haken und Ösen senkrecht zur Talsperrenmauer abgeseilt. Wie James Bond. In einem seiner Filme muss er wohl, Gesicht nach unten und im rechten Winkel zu ihr, eine Wand heruntergelaufen sein. Ich bin froh, wenn mein Blutdruck im Normbereich ist; Adrenalinausschüttungen vermeide ich, wo es nur geht. Manche sind aber offenbar anderer Meinung und peppen sich den Harz so ein bisschen auf. Meinetwegen. Mir ist jedenfalls statt der Anspannung die Entspannung lieber. Dem kommt entgegen, dass ganz Deutschland ja zu einem Wellnessoasen-Land geworden ist. Der Harz steht da nicht nach. In den Thermen, die zum Teil von Heilquellen gespeist werden, kann man es sich, mal mit, mal ohne Bädertradition, gut gehen lassen. Es ist ja meist angenehmer, in einer wohltemperierten Sole zu sitzen, als im Harzer Nieselregen wandern zu gehen. Natürlich bieten auch einige Hotels diesen Service an, aber unabhängig davon gibt es Thermen in den Orten Altenau, Bad Frankenhausen, Bad Harzburg, Bad Lauterberg und Thale. Manchmal geht beim Ausbau der touristischen Infrastruktur allerdings auch mächtig was schief:

Thermen und Moore:
Turismo o muerte

Traurig hängen die Brüste des Angestellten, als er am 30. Juni 2013 das letzte Mal den Schalter der Wasserfilteranlage drückt, feuchte Augen glänzen hinter den Brillengläsern. Auch rund fünfzig weitere Angestellte haben Tränen in den Augen, sie verabschieden sich von einigen Stammgästen. Das Calciumsole-Bad in Bad Suderode hat bis auf Weiteres geschlossen. Seit den 1990er-Jahren bot es Erholung für müde und brüchige Knochen und Ruhe vor spaßbadenden Kindern. Ohne einen Tag Pause hatte man 6267 Tage den Betrieb aufrechterhalten. Ganze 63 Millionen Euro wurden vom Land investiert, um das Kurzentrum zu errichten. Das Problem ist hausgemacht: Die nächste große Therme, deren Bau vom Land immerhin mit zehn Millionen Euro bezuschusst wurde, befindet sich im Nachbarort Thale, ganze acht Kilometer entfernt. Dass die Bäder sich gegenseitig Konkurrenz machen könnten, war wohl eine zu einfache Überlegung. Im

Umkreis von fünfzig Kilometern wurden weitere zwei Großbäder gebaut. Jetzt soll privatisiert werden, aber wann das passiert, weiß keiner. Klar ist, dass der gesamte Kur- und Tourismusbetrieb in dem Ort, der eigentlich eine gewachsene Bäderstruktur hatte, darunter leiden wird. Und während in Villabajo noch Tränen vergossen werden, wird in Villarriba schon gefeiert.

In dem Fall heißt Villarriba Torfhaus in Niedersachsen, und alle Honoratioren sind dabei, als das neue Hotel, in dem ein Investitionsvolumen von fünfzehn Millionen Euro steckt, eröffnet wird. Das Hotel entpuppt sich als vollholzschindelverkleidetes Ensemble mit einzelnen »Lodges«, die sich an der B4 entlangziehen. Torfhaus: Man merkt es gleich am Namen: Hier gibt es etwas, was uns im ganzen Harz noch nicht begegnet ist. Torf und das zugehörige Moor, aus dem er entsteht. Meine erste Assoziation zu diesem Naturstoff lautet natürlich Whiskey. Wunderbare, über Torffeuern gereifte Schnäpse. Die Gegend ist nicht gerade als klassisches Destilleriegebiet bekannt. Ob sich wohl trotzdem jemand dieses ehrwürdigen Gewerbes angenommen hat? Nein, gibt's nicht, muss ich mich gleich im Nationalpark-Besucherzentrum aufklären lassen. Das Wetter im Harz war schon immer zu feucht, um hier Torf zu stechen. Man hat es zwar mehrfach versucht, aber das Zeug trocknete einfach nicht und konnte so auch nicht als Brennstoff verwendet werden, wofür es ja normalerweise abgebaut wird. Grund zum Jubeln für die Naturschützer, denn die Harzer Moore sind bis zu sieben Meter dick und beherbergen einige seltene Pflanzen wie den Rundblättrigen Sonnentau, die sich an diese extrem nährstoffarmen Bodenbedingungen angepasst haben und gerne Fliegen und andere Insekten als Zubrot fangen. Hat man Glück und geht im Sommer über einen Knüppel- oder

Bohlenweg durch eines der umliegenden Moore, sieht man flächendeckend wollig-weiße Büschel an den Gräsern, die sich im Wind wiegen. Das Moor speist sich aus dem Niederschlag; hier regnet es oft. Durch die Feuchtigkeit zersetzen sich die abgestorbenen Pflanzen nicht weiter und bilden Schicht um Schicht Torf.

Mulmig ist mir allerdings. Was hat man nicht alles schon von Moorleichen gehört und vom Freiherrn von Münchhausen, der sich wundersamer Weise mitsamt seinem Pferd am Zopf aus dem Sumpf ziehen konnte? Wer kennt sie nicht, die »Wunderbaren Reisen und Abenteuer des Freiherrn von Münchhausen zu Wasser und zu Lande wie er dieselben bei einer Flasche im Zirkel seiner Freunde zu erzählen pflegte«? Siebzig Kilometer östlich von hier, in Molmerswende, einem 350-Seelen-Dorf im Südharz, steht Gottfried August Bürgers Geburtshaus. Dieser ist zwar nicht der Schöpfer des Münchhausen, aber er hat ihn durch seine Übersetzung und Bearbeitung des Stoffes in Deutschland popularisiert. Aber das nur am Rande. Wie überall im Naturschutzgebiet soll man auf gar keinen Fall die Wege verlassen. Nur ist hier die Vorschrift vor allem zum eigenen Schutz zu beachten, nicht so sehr zum Naturschutz. Tritt man doch mal daneben, macht es »smortsch« unter der Schuhsohle, und man sinkt ein.

Ein Künstler hat Holzskulpturen vor den Eingang des Nationalpark-Besucherzentrums gestellt, auf großen eingerollten Farnblättern sitzen Libelle, Luchs und Feuersalamander und begrüßen die Besucher. Das Kindgerechte daran wird sich in der Ausstellung fortsetzen, ein Modell der Brockenregion ist aufgebaut, und man kann Lämpchen blinken lassen. Es gibt eine Forscherecke mit zwei Mikroskopen, unter die man eine kleine Eidechse, Schalen von Mehlschwalbeneiern oder auch Losung vom Rothirsch zur Betrachtung schieben kann. Ein Schnitt durch die Schichten des Hochmoors wird gezeigt, die tierische Geräuschkulisse kommt vom Band. Im kleinen Kino läuft ein Goethe-Film, in dem ein Schauspieler als Goethe auf den Brocken läuft, wobei er Brockenbesucher der Jetztzeit trifft und ihnen Passagen aus seinem Werk rezitiert. Auf den Kinohockern sitzt eine Gruppe älterer Herrschaften in voller Wandermontur und bereitet sich mental schon mal auf den Brockenaufstieg vor.

Draußen herrscht endlich mal das typische Harzwetter, von dem ich bisher nur gelesen hatte. Es ist feuchtkalt, ab und zu regnet es, und eine Nebelsuppe verhindert jede Fernsicht. Das finde ich nicht schlimm, denn wie mir alle glaubhaft versichern, führt schönes Wetter und die damit verbundene Fernsicht unweigerlich dazu, dass es, besonders an den Wochenenden, hier oben nur so wimmelt von Autos, Motorrädern und Menschen. Man sollte wissen, dass Torfhaus direkt an der B4 liegt und im Grunde eine Ansammlung von ein paar Häuschen links und rechts der Straße ist. Diese Straße ist vierspurig, und das Land Niedersachsen bessert seine Einnahmen durch die darauf befindlichen Blitzer auf. Vor allem in der Biker-Saison müssen diese erheblich sein, denn die geschwungene Straßenführung verleitet die Motorradfahrer regelrecht zum Aufdrehen. Im Sommer ist Torfhaus eine Art Biker-Station, etliche Wochenend-Easy-Riders haben ihre Böcke in Reihe gestellt und freuen sich, wenn die Sonne auf dem Chrom glitzert. In einer Alm bayerischen Zuschnitts wird aufgetankt. Das ist eine Riesenhütte, ganz und gar holzverkleidet. In der kalten Jahreszeit lodert in der Mitte des großen Raumes ein Kaminfeuer. Alles vermittelt den Eindruck, man könnte auch in den Alpen beim Après-Ski sein. Wenn die Biker genügend Bier gezischt haben, düsen sie wieder ab. Ich finde es komisch, dass so eine fette Straße mitten durchs Naturschutzgebiet führt, aber offenbar geht Erschließung vor Ruhe. Globetrotter hat hier vor Kurzem seine höchstgelegene Filiale eröffnet, ein anderer Anbieter hat sich ebenfalls Verkaufsfläche gemietet. Sollte man also outdoormäßig noch nicht voll ausgestattet sein, kann man das hier nachholen. In der bikerfreien Zeit, also im Winter, hat man auch an die Rodler gedacht: Ein Skilift ist zu einem Schlittenlift umgebaut. Man hängt seinen Schlitten an ein Seil und wird aufwärtsgezogen.

Gleich hinter dem Nationalpark-Besucherzentrum und den Toiletten, in denen auf die umweltgerechte Regenwasserspülung verwiesen wird, starten zahlreiche Wanderwege. Vorher gemahnt noch ein großes Denkmal aus den drei Harzgesteinen Diabas, Gabbro und Granit daran, das Naturerbe zu bewahren. Der berühmteste Wandersteig ist der Goethe-Weg, der zum Brocken führt. Man kann aber beispielsweise auch eine kleine Rundwanderung machen, bei der man am Oderteich entlangkommt. Das ist einer der ältesten erhaltenen Stauteiche in Deutschland. Hier gibt es auch ein Oderbruch, nicht mit dem in Brandenburg zu verwechseln. Die Oder, die hier ihre Quelle hat, ist ein Flüsschen, das sich seinen Weg durch den Harz gebahnt hat und nach dem hier alles benannt ist: ein Dörfchen und ein Gasthaus namens Oderbrück und ein Wäldchen namens Oderholz. Bei der Wanderung geht man zuerst auf dem Hexenstieg, dann auf dem Kaiserweg und abschließend auf dem Märchenweg. Der ganze Weg weist nur ganz geringe Höhenunterschiede auf und ist trotz der zwölf Kilometer einfach zu bewältigen, man bewegt sich auf einem Niveau von etwa 800 Meter Höhe.

Stolberg und Josephskreuz

Stolberg hat in jedem Reiseführer ein Sternchen der hervorragenden Besichtigungswürdigkeit, aber man sollte sich darauf gefasst machen, dass es sich im Wesentlichen doch lediglich – nicht wie bei den Städten Wernigerode oder Quedlinburg – um eine Straße handelt, die besichtigenswert ist.

Oder, um zwei ratlose Besucher zu zitieren, die ich innerhalb einer halben Stunde Besichtigung zum zweiten Mal treffe und die ihrer Verwunderung Luft machen: »Man hat uns gesagt, das könnte man sich mal angucken, aber hier ist ja *nur* Fachwerk, keine Läden, nüschte!« Die beiden trotten wieder zum Parkplatz. Also nur Fachwerk hier. Was sie meinen, ist, dass man manchmal durchaus den Eindruck hat, bei aller Liebe zur akribischen Restaurierung sei nur noch ein musealer Charakter erhalten geblieben. Das Leben an sich aber scheint von den Straßen und aus den Häusern verschwunden. Die circa 380 Fachwerkhäuser sind zum größten Teil wunderschön res-

tauriert und bieten genügend Fotomotive für den Reisenden, eine gewisse Kulissenhaftigkeit lässt sich jedoch nicht
leugnen. Und so richtet sich meine noch nicht genügend
strapazierte Aufmerksamkeit auf ein Müntzer-Denkmal.
Es ist das gruseligste Denkmal, das ich je gesehen habe.
Thomas Müntzer steht vor einer Gestalt, die der seinen
ähnelt, aber eine Art Henkerkapuze trägt, die noch nicht
mal Sehschlitze hat. Das unverhüllte Antlitz soll Müntzer
zeigen, aber es existiert kein einziges zeitgenössisches
Bildnis von ihm. Das wusste ich auch nicht, war mir doch
sein Gesicht vom 5-Mark-Schein der DDR sehr vertraut.
Doch alle bekannten Porträts sind Produkte der Phantasie. Der Denkmal-Müntzer steht auf einer Plattform, an
deren Ecken man Abgüsse von vier Balken sieht, in die je
ein Heiliger geschnitzt ist. Müntzers Geburtshaus war
abgebrannt, aber die Heiligenbalken blieben unversehrt
und sind heute im Heimatmuseum zu besichtigen.

Über dem Ort thront ein riesiges Renaissance-Schloss.
An gleicher Stelle gab es schon seit circa 1200 eine Burg.
Die Stolberger Grafen hatten es durch reiche Silbervor-
kommen und das Münzrecht zu Wohlstand gebracht.
Thomas Müntzer war im Bauernkrieg zunächst an der
Seite Luthers, bevor er sich an die Spitze der Aufständischen schlug und die beiden erbarmungslose Gegner wurden. 1525 forderten Stolberger Bauern und Handwerker
in »24 Artikeln« ihre Rechte gegenüber dem Grafen
Botho ein. Und obwohl Luther vom Grafen zu Hilfe
gerufen wurde und zu Ostern gegen die Ansprüche der
Stolberger predigte, stürmten diese das Schloss schließlich.
Nur dreizehn Tage später aber wurde der auf 8000 Mann
angewachsene Bauernverbund am Kyffhäuser vernichtend
geschlagen. Das Müntzer-Denkmal steht direkt vor einem
prächtigen Fachwerkrathaus von 1482. Viel Mühe gab

man sich, es so zu konstruieren, dass sich zwölf Türen (wie die Anzahl der Monate), 52 Fenster (wie die Wochen) und 365 Fensterscheiben (wie die Tage) ergaben. Nicht mehr so viel Mühe gaben die Erbauer sich mit der Treppe – sie fehlt schlichtweg. Bauten nicht die Schildaer ein Rathaus ohne Fenster, woraufhin sie das Sonnenlicht in Säcken hineintrugen? Und bei den Stolbergern hatten eben die vielen Fenster die ganze Aufmerksamkeit beansprucht, sodass es keine Treppe gab. Die beiden hätten eine Städtepartnerschaft eingehen sollen. Das mit der Treppe macht aber nichts, man benutzt die Stiege, die auch hinauf zur Kirche führt. Wer sagt denn, dass man nur von innen in den zweiten Stock gelangen kann?

Trotzdem übernachte ich hier, abends gehe ich die ausgestorbenen Gassen entlang, ich habe Hunger, es ist 20.30 Uhr. Es ist still, kein Auto ist unterwegs, hinter den Fenstern ist es dunkel, der Sternenhimmel spiegelt sich im feuchten Kopfsteinpflaster. Schilder hängen in den Ladenlokalen, die Apotheke wird verkauft, die Konditorei sucht Lehrlinge und Praktikanten. Ich muss an die Studie denken, von der ich gerade gelesen habe. Der Wohnbedarf für alle Landkreise und kreisfreien Städte Deutschlands wurde berechnet. Im Jahr 2030, also in naher Zukunft, wird es laut dieser Untersuchung einen Nachfrageboom rund um München geben. In dem Ranking wurde natürlich nicht nur die steigende Nachfrage, sondern auch die fallende berechnet. Unter den letzten zehn Kreisen befinden sich fünf aus Sachsen-Anhalt, darunter der Kreis Mansfeld-Südharz. Das ist hier, wo ich gerade bin. Ich gehe weiter die Straße hinunter, aus einem einzigen Erdgeschoss dringt ein bisschen Licht. Ich folge der Zivilisationsspur und lande vor einer Kneipe mit vorgezogenen Vorhängen und Regenbogenfahne. Draußen stehen Raucherinnen, und von drinnen kommt kreischendes Gelächter und Musik. Ich spreche eine Frau in der Toreinfahrt an. »Gibt es ein Konzert?« – »Nein, es ist der erste von sechs Frauentagsabenden«, sagt sie kichernd und fügt »mit Travestieshow« hinzu. Ich wundere mich, dass hier überhaupt genügend Frauen für sechs Abende mit Auftritten wohnen, es ist ja offenbar immer die gleiche Show. Die Frau weist mir aber netterweise den Weg zur einzigen offenen Kneipe. Ich finde die Gastwirtschaft, in der ein einsamer Biertrinker sitzt, und esse ein Wildgulasch. Die ganze Zeit betrachte ich einen ausgestopften Fuchs, der neben mir in einer Wandnische steht und eine Gans in seinem Maul hält. Die Installation soll wahrscheinlich das alte Kinderlied »Fuchs, du hast die Gans gestohlen« illustrieren.

Am Morgen mache ich mich wieder auf und spaziere durch die Gassen. Wie mir scheint, liegt ein besonderer Duft über dem Städtchen. Ich gehe meiner Nase nach, nein ich irre mich nicht, der Geruch wird stärker. Schließlich stehe ich vor einem Bilderbuch-Fachwerkbau, etwa um 1500 gebaut. Jetzt riecht es köstlich. In großen Lettern steht FRIWI-Werk über der Hofdurchfahrt. Das ist eine Keksbäckerei mit Tradition, erfahre ich in dem angeschlossenen Café. Sie wurde 1891 von Friedrich Wilhelm Witte gegründet, so erklärt sich auch der Firmenname, den ich zunächst für eine typische Ost-Schöpfung hielt. »Frische Windbeutel aus Ihrem FRIWI-Konsum« oder so ähnlich. Das stimmt nicht, aber der Familienbetrieb hatte ein übliches ostdeutsches Schicksal: Er wurde 1972 enteignet und als VEB Feingebäck weitergeführt. Nach der Wende gelang es der Familie, den Betrieb wiederzubekommen. Jetzt wird, teilweise mit historischem Gerät, weiterproduziert. Man benutzt in der Herstellung immer noch die großen handgefrästen Walzen von 1930, um die Muster der runden Kekse in den Teig aus Mehl, Eiern, Butter und Zucker zu prägen, Wappen und Blumen zum Beispiel. Die Kekse mit den Blumenmotiven, sie heißen passenderweise Flora-Kekse, schmecken leicht nach Kokos und sind ganz luftig und lecker.

Komischerweise war das FRIWI-Gründungsjahr 1891 auch das Jahr, in dem andernorts der Leibniz-Keks geboren wurde. Auch in Stolberg bäckt man einen viereckigen Butterkeks mit Zahnrand, nur ist in der Mitte der Firmenname FRIWI eingeprägt, und man braucht auch wirklich Zähne, um hineinzubeißen. Auf jeden Fall hat man hier davon abgesehen, einen vergoldeten Werbeträger vor die Tür zu hängen, und das Krümelmonster wurde auch noch nicht gesichtet. Mein persönlicher Geschmack ist sehr simpel: Diese frischen Butterkekse ohne jeden Schnickschnack sind einfach nur köstlich. Natürlich gehören zum Sortiment noch andere Gebäcke, Waffeln, Schoko-Mint-Plätzchen und ab Herbst eine ganze Palette an Weihnachtskram: Printen, Spekulatius, Stollen. In dem Café kann man das Hausgebäck kosten und kaufen. Es ist natürlich eine Binsenweisheit, aber hier stimmt sie mal wieder: Die einfachsten Dinge, gut gemacht, schmecken wirklich am besten. Außerdem haben sich Kekse als Proviant auf Wanderungen hervorragend bewährt, sie können nicht auslaufen oder verschmieren und der Zuckergehalt sorgt für die schnellen Kalorien.

Man könnte sich also hier mit einer kleinen Pausenmahlzeit für den nächsten Ausflug versorgen. Rund um Stolberg gibt es nämlich zahlreiche Möglichkeiten, Wanderungen zu unternehmen, zum Beispiel zu dem etwas nördlich von Stolberg gelegenen Großen Auerberg. Dort steht ein Kreuz auf dem Gipfel, und sieht man sich ein

Foto von diesem Josephskreuz an, hat man erst mal keinerlei Lust, es zu besuchen. Beworben wird es auch noch mit so einem komischen Superlativ – insgeheim hat man sich ja schon lange gefragt, wo denn eigentlich das größte eiserne Doppelkreuz der Welt steht, oder? Auf dem Foto wirkt es nicht einladend, sondern übertrieben technisch. Aber so wie es Menschen gibt, die nicht fotogen sind, scheint es auch unfotogene Denkmäler zu geben. Denn steht man am Fuße des Kreuzes, entdeckt man eine filigrane Stahlkonstruktion. Sie ersetzt ein hölzernes Kreuz von Schinkel, das nach einem Blitzeinschlag hier niederbrannte. Das zarte Türkis des Kreuzes strahlt den Besucher vor – hoffentlich – blauem Himmel an, und ich fühle mich nicht nur vage an den Eiffelturm erinnert, sondern ganz präzise, denn der Bogen des Eingangsbereichs ist diesem nachempfunden. Gegenüber des Kreuzes gibt es eine kleine gemütliche Einkehr, das Bergstüberl, wo man sich am Kachelofen aufwärmen kann. Auf dem Weg zum Kreuz hat Gotthilf Fischer eine »Straße der Lieder« installiert – am Rand eines Wanderweges finden sich Holztafeln mit Liedstrophen, die man beim Wandern singen kann. Da ich mir Texte ganz schlecht merken kann, erwerbe ich später im Hotel die zugehörige Broschüre. Schade, das Lied auf der letzten Tafel vor dem Kreuz finde ich darin nicht. Es handelt von einer Lola und einem Jägersmann, offenbar eine große Liebesgeschichte, doch dann wird der Jäger in den Krieg geschickt, und als er wiederkommt, sitzt Lola jemand anderem auf dem Schoß. Der Heimgekehrte »schlug der Lola zwei, drei, vier blaue Augen, / mit der Liebe war es aus!«, heißt es am Schluss. Vielleicht passte der Text doch nicht mehr so gut zu Gotthilf Fischers Grußwort, worin er betont, mit seinen Chören immer »für den Frieden auf der Welt« zu singen.

Kyffhäuser und Tübkes Panorama Museum

In Stolberg fließen die Bäche Große Wilde, Kleine Wilde und Lude zum Fluss Thyra zusammen, dessen Verlauf man einfach in südlicher Richtung folgt. Man kommt dann durch das Gebiet der Goldenen Aue, die von zahlreichen weiteren Flüssen durchzogen und von einer leicht hügeligen Landschaft, die vorwiegend landwirtschaftlich genutzt wird, charakterisiert ist. Nach wenigen Kilometern kommt man in Kelbra am Rande des Kyffhäusers an. Hier gibt es einen großen Stausee, ausnahmsweise steht kein Wald drum herum. Der See wurde in den 1960er-Jahren angelegt, um die Aue vor den regelmäßigen Hochwassern zu schützen. Seit dieser Zeit haben sich zahlreiche Vogelarten angesiedelt, woraufhin man ein Vogelschutzgebiet eingerichtet hat. Heute kann man am See campen, baden und segeln. Direkt hinter dem Ort beginnt das Kyffhäusergebirge, das man auch den »kleinen Harz« nennt. Es ist durch Wanderwege gut erschlossen, und durchschnittlich fitte Wanderer können es locker an einem Tag durchqueren. Von Kelbra aus geht es noch fünf Kilometer in östlicher Richtung, und man gelangt nach Tilleda, einem kleinen, aber historisch bedeutsamen Ort. Er beherbergte auf dem Gelände des Pfingstberges eine Königspfalz und gehörte zu den urkundlich erwähnten Brautgaben von Otto II. für Theophanu. In den Jahren 1935–1979 wurden Ausgrabungen auf dem Gelände durchgeführt, bei denen die Fundamente zum Vorschein kamen. So konnte die ganze Anlage erschlossen werden. Sie ist heute als Freiluftmuseum zugänglich, in dem einige Bauten rekonstruiert wurden.

Oberhalb von Tilleda wurde auf dem Kyffhäuserberg zum Schutz der Pfalz eine Burg gebaut, sie gehörte einstmals zu den größten Burgen Deutschlands. 600 Meter in der Länge und sechzig Meter in der Breite soll sie gemessen haben. Ihre Reste kann man besichtigen. Schon im 15. Jahrhundert war die Burg dann verfallen. Das bekannte Kyffhäuserdenkmal steht auf den Resten der alten Kyffhäuserburg und ist eine wahrlich monumentale Angelegenheit. Aber immerhin ging es auch um deutsch-kaiserliches Selbstverständnis. Bruno Schmitz, ebenfalls Erbauer des Deutschen Eck in Koblenz und anderer wilhelminischer Kostbarkeiten wie des Leipziger Völkerschlachtdenkmals, ist sein Schöpfer. 1896 war der Bau fertig und ragt seitdem 81 Meter mit seinem Hauptturm auf dem Berg empor. Ein ungebrochener Machtwille, ein Geist des Herrschens geht von diesem Monument aus.

Das Ganze ist ein steinerner Bau rund um die Denkmäler zweier deutscher Kaiser. Im oberen Bereich befindet sich ein Reiterstandbild Wilhelms I. aus Mansfelder Kupfer, das längst grün oxidiert ist. Der Kaiser blickt ins weite Land und reitet mit wehendem Mantel ins Nichts.

Zu seinen Füßen, oder besser gesagt, zu seinen Pferdehufen liegen zwei grünlich-schwarze Figuren herum. Die eine ist eine Dame und hält einen Lorbeerkranz – sie soll eine Allegorie der Geschichte darstellen –, auf der anderen Seite lagert ein Soldat. Das haben sich wahrscheinlich die Initiatoren des Denkmals ausbedungen. Der Deutsche Kriegerbund hatte die Idee zum Denkmal und sammelte das notwendige Geld von ehemaligen Soldaten dafür ein. Jetzt ist das Denkmal gerade frisch restauriert worden. Unter Kaiser Wilhelm sitzt, quasi als Unterbau, im mittleren von drei romanisierenden Bögen Friedrich I. als wahrer Steinbrocken. Von seinen italienischen Eroberungszügen brachte er sich den Beinamen Barbarossa mit. Als grimmiger Greis blickt der Mann drein, der zu Lebzeiten anmutig und von schlanker Gestalt gewesen sein soll, und greift sich in den langen Bart. Sein Ende – er kam auf dem Dritten Kreuzzug in einem anatolischen Fluss namens Saleph um – ist sagenumwoben, und so denken manche heute noch, dass Barbarossa im Kyffhäuser sitzt und auf den Tag wartet, an dem er wieder erscheinen kann. Seine Idee vom deutschen Kaisertum kam bei den restlichen Herrschern Europas damals nicht ganz so gut an, kann man vielleicht zusammenfassend sagen. Niemand sah ein, warum man sich von diesem Deutschen beherrschen lassen sollte. Ich glaube, die deutsche Außenpolitik hat immer noch an diesem 12. Jahrhundert zu knabbern. Die Barbarossa-Höhle liegt auf der gegenüberliegenden Seite des Gebirges. Dort soll er an einem steinernen Tisch sitzen, der riesige Bart wächst schon einmal durch die steinerne Platte und dreimal drum herum. Einmal alle hundert Jahre wacht er auf und schaut nach, ob die Raben noch um seine Burg kreisen. Sollten sie dies nicht mehr tun, will er in seine letzte Schlacht ziehen.

Kreisen sie noch, setzt er sich für die nächsten hundert Jahre wieder hin und guckt grimmig.

Am südlichen Rand des Kyffhäusergebirges befindet sich Bad Frankenhausen. Am Rande der Stadt ist der Schlachtberg gelegen, hier fand 1525 die größte der Schlachten des Bauernkrieges statt, einer der Anführer war der Stolberger Thomas Müntzer. Die Aufständischen wurden gnadenlos von den Söldnern niedergemetzelt. Auf dem Berg steht ein von den Einheimischen despektierlich »Elefantenklo« genannter Rundbau aus Beton. In ihm befindet sich eine Leinwand mit den Maßen vierzehn mal 123 Meter. Sie ist zwischen zwei Stahlringen mit einem Durchmesser von je vierzig Metern gespannt. In altmeisterlicher Manier schuf Werner Tübke mit bis zu fünfzehn Malern hier in knapp zwölf Jahren ein Panoramabild. Das Gemälde trägt den offiziellen Titel »Frühbürgerliche Revolution in Deutschland« und thematisiert die Bauernkriege – aber eben bei Weitem nicht nur diese. Schon der offizielle Titel weist auf die staatlichen Auftraggeber hin, die DDR war schließlich dem Marxismus verpflichtet. Und so waren die Thüringer Bauern so etwas wie die Vorkämpfer einer Deutschen Demokratischen Republik geworden, die zwar vernichtend geschlagen wurden, aber deren korrektes historisches Bewusstsein und Handeln anlässlich des 450. Jahrestages ins ehrende Licht gesetzt werden sollte. Tübke war einer der Maler-Stars der DDR, und als solcher konnte er es sich leisten, als Bedingung für die Auftragsannahme künstlerische Autonomie einzufordern. Sie wurde ihm gewährt. Allein die Konzeption und die vorbereitenden Arbeiten nahmen Jahre in Anspruch. Der Maler studierte eingehend historische Literatur und Quellen wie das druckgrafische Werk der Reformationszeit, um den Geist und die Kämpfe der Epoche zu erfassen. In dieser Zeit entstanden grafische und malerische Vorstudien, die dazu dienten, ein Motivreservoir anzulegen und Szenen zu arrangieren. Die Komposition des Gemäldes entwickelte er dann in einer Ausführung im Maßstab eins zu zehn, die er vorab seinen Auftraggebern und der Öffentlichkeit auf der IX. Kunstausstellung in Dresden 1982/83 präsentierte. Von dieser Version wurde wiederum eine Linearzeichnung angefertigt, die man mittels Projektion auf die große Rundumleinwand in Bad Frankenhausen übertrug und die damit als Vorzeichnung für die endgültige Ausführung im Panoramabau diente.

Ich finde es immer wieder verblüffend, dass, obwohl wir in einer Zeit leben, in der wir an die ohren- und augenbetäubende Kraft der Multiplexkinos gewöhnt sind, ein gemaltes Werk eine solche Wirkung auf den Betrachter entfalten kann. Dass es nicht nur mir so geht, merke ich, als ich mich nach den anderen Besuchern umsehe. Nicht wenige von ihnen stehen mit offenem Mund in dem Rund und ringen um Fassung. Gleichzeitig verbieten sich laute Ausrufe des Erstaunens von selbst, da eine gewisse sakrale Ausstrahlung Ruhe gebietet. Kein Wunder, dass manche den Ort einen Bilddom oder die »Sixtina des Nordens« genannt haben. Die Beleuchtung und die Maltechnik schaffen eine beeindruckende Plastizität und Präsenz des Dargestellten. In der Horizontalen ist das Geschehen durch eine jahreszeitliche Abfolge gegliedert, in der Vertikalen sind die Ebenen in Vorder-, Mittel- und Hintergrund geschieden. In der Malweise orientiert Tübke sich an der Malerei des 15. und 16. Jahrhunderts, vor allem Abrecht Dürer und Lucas Cranach d. Ä. sind seine Vorbilder, und entsprechend hat er sie auch an einer Art Lebensbrunnen zentral im Vordergrund platziert. Zwischen ihnen wurde nachträglich noch ein in die Ferne blickender Luther porträtiert, weil den Verantwortlichen bei der Bildabnahme auffiel, dass der wichtige Mann an zu unwichtiger Stelle abgebildet war. Das sollte aber der einzige überlieferte Eingriff von offiziellen Stellen in die Gestaltung des Künstlers bleiben. Insgesamt bevölkern rund 3000 Gestalten das Bild, Persönlichkeiten der Renaissancegeschichte genauso wie anonyme Menschen in Massenszenen, Vertreter aller weltlichen Stände, himmlische Heerscharen, teuflisch-tierische Fabelwesen wie in den apokalyptischen Visionen von Hieronymus Bosch. Natürlich ist auch das Schlachtgetümmel der historischen Bauernschlacht dargestellt, herausgehoben durch einen sich darüber spannenden Regenbogen, und darin in zentraler Position Thomas Müntzer, der allerdings mit gesenkter Fahne ein Bild der Resignation abgibt. Aber es ist eben nur ein Teil des Gemäldes. Folter- und Gewaltszenen wie aufs Rad Geflochtene, Gehenkte und Gekreuzigte sind im ganzen Bild zu finden, Tanzende und Fliegende schaffen Verbindungen zwischen den einzelnen Ebenen, es gibt allegorische Darstellungen in Hülle und Fülle. Ebenso sind Bibelmotive zu finden, etwa die Posaunen von Jericho, Adam und Eva unterm Baum, der vom Kreuz abgenommene Christus und direkte Zitate der Kunstgeschichte wie der Turmbau zu Babel von Pieter Bruegel d. Ä. Die surrealistische Komponente des Ganzen brachte die Kritiker darauf, dass es sich bei dieser Malweise ganz sicher nicht um Sozialistischen Realismus, sondern um eine Art magischen Realismus handelte. Und so entstand trotz der monumentalen Ausmaße ein Werk, dem nichts Monumentalistisches im Sinne einer Vergröberung und Verherrlichung des Dargestellten anhaftet. Tübke erschuf nicht nur ein Panorama im Sinne des Rundblicks, sondern auch im übertragenen Sinne: ein Panorama einer Zeit der alle Werte erschütternden Umbrüche. Es empfiehlt sich in jedem Fall, eine der kompetenten Führungen mitzumachen, sonst ist man leicht erschlagen von der Fülle der Details dieser riesigen Komposition.

Von der Bevölkerung in den Entstehungsjahren als millionenteures Prestigeobjekt der Regierung argwöhnisch beäugt, kann man sagen, dass der Maler seinem Auftraggeber ein schönes Schnippchen geschlagen hat. Nicht nur inhaltlich hatte der Künstler eine ganz andere als die intendierte Dimension ausgeführt, auch die DDR selbst hatte sich fast schon überlebt. Die Eröffnung erfolgte letztendlich im September 1989, als der (angenommene) 500. Geburtstag Müntzers gefeiert wurde.

Die größte, die kleinste und die wunderlichste Holzkirche

Die größte Holzkirche Deutschlands steht in Clausthal-Zellerfeld: Es ist die Marktkirche zum Heiligen Geist. Die Clausthaler haben sie mit den Gewinnen aus dem hiesigen Silberbergbau errichtet, ganz aus Holz, denn an Steinen für den Bau fehlte es in der Gegend. Der 400 Jahre alte Bau wurde gerade in jahrelanger Restaurierungsarbeit vor dem Verfall gerettet und mit dem originalen Außenanstrich versehen. Nun steht sie blau leuchtend und wie neu auf dem Marktplatz. Der hellgrau gestrichene Innenraum ist 1400 Quadratmeter groß, die Decke wölbt sich tonnenförmig über 2200 Sitzplätzen. Ein großer geschnitzter Kronleuchter hängt in der Mitte des Raumes. Hinter dem imposanten reich geschnitzten Altar steht der Orgelprospekt, gefertigt 1758 von Johann Albrecht Unger aus Nordhausen. Viele Sprossenfenster geben der Kirche eine lichte, fast heitere Ausstrahlung. In einer anderen Kirche in Clausthal-Zellerfeld, St. Salvatoris, kann man

Tübke übrigens wiederbegegnen; hier übernahm er den Auftrag, das Altarbild zu gestalten. Es handelt sich um ein Spätwerk, das der Maler in den Jahren 1994–1996 schuf.

Die kleinste Holzkirche Deutschlands ist ebenfalls im Oberharz zu finden: dreißig Kilometer entfernt, in Elend. Ihr Innenraum ist ganze 55 Quadratmeter groß, es passen circa achtzig Personen hinein. Die Innenausstattung ist ganz schlicht gehalten. Praktisch hat man auch gedacht: Aus Platzgründen kann man den Altar einfach zur Seite rollen. Die Kirche ist ziemlich jung, 1897 wurde sie geweiht.

In Hahnenklee, ein paar Kilometer von Goslar entfernt, steht die zumindest für unsere Breiten wunderlichste Holzkirche. Auf einem erhöhten Platz gelegen, geht man ein paar Stufen zu ihr hinauf. Der Architekt nahm sich norwegische Stabkirchen zum Vorbild für seinen Bau und ließ von heimischen Handwerkern die Gustav-Adolf-Stabkirche errichten. Die Kirche wurde 1908 geweiht. Das Gebäude wirkt imposant und gleichzeitig märchenhaft, die vielen heidnischen Symbole, die man stilecht aus der Wikingerzeit in die Verzierungen übernahm, dürften daran nicht ganz unschuldig sein. Die Kirche fasst 350 Plätze und ist damit, im Vergleich zu ihren nordischen Vorbildern, ziemlich groß. Das heißt, sie kann ziemlich groß sein. Wenn allerdings zuvor eine Busladung holländischer Rentner hineingekippt wurde, wirkt sie plötzlich ziemlich klein. Wahrscheinlich ist es die skandinavische Anmutung, die die Kirche zu einem sehr beliebten Ausflugsziel für unsere dänischen und niederländischen Nachbarn macht. Auf einem kleinen Tisch am Rande liegen die Informationsbroschüren in den entsprechenden Sprachen. Die Kirchengemeinde unterhält übrigens eine Partnerschaft mit der Kirche Wang bei Karpacz in Polen.

Diese ist ebenfalls eine norwegische Stabkirche, allerdings eine original mittelalterliche, die in Norwegen ab- und in Polen wiederaufgebaut wurde. Die norwegischen Stabkirchen außerhalb Norwegens halten zusammen.

Wild at Harz: Raubtiere

Am 31.5.2013 meldete die dpa Folgendes: »Vienenburg – Ein Rentner aus dem Harz ist in seinem Wohnzimmer in Vienenburg von einem Fuchs gebissen worden. Das Tier war durch eine geöffnete Tür ins Haus gelangt und hatte es sich auf dem Sofa des Rentners bequem gemacht, berichtete die *Goslarsche Zeitung*. Als der Mann den Fuchs verscheuchen wollte, biss dieser ihn in die Hand. Der 86-Jährige kam vorsorglich ins Krankenhaus. Erst als Polizisten zu Hilfe gerufen wurden, ließ sich das Tier vertreiben. Angelockt wurde der Fuchs möglicherweise durch Futter, das der Rentner für seine Katze bereitgestellt hatte.« Das wird immer das Dilemma im Zusammenleben zwischen Mensch und Tier bleiben: die Räume überschneiden sich. Im Harz wurden nun einige Projekte initiiert, um mit großem Aufwand wilde Tiere wieder in den Lebensraum zu locken, aus dem der Mensch sie einst mit ebensolchem Aufwand vertrieben hat. So ist der Nationalpark seit Kurzem wieder das Refugium von Luchsen, die seit dem Jahr 2000 erfolgreich angesiedelt wurden, nachdem man 1818 bei einer Jagd, an der circa hundert Treiber und achtzig örtliche Jäger beteiligt waren, den letzten erschossen hatte. Der Luchsstein in Lautenthal erinnert an dieses Ereignis. Der Wanderer sollte sich aber keine Sorgen machen; selbst die betreuenden Biologen können die Tiere meist nur mittels der Peilsender aufspüren, denn sie sind äußerst scheu und nachtaktiv. Der Mensch passt nicht in ihr Beuteschema, das von Reh bis Maus reicht. Was, wenn man dem Luchs dann doch Auge in Auge gegenübersteht? Aufschluss gibt die Broschüre »Ein Luchs – was nun?«: Falls die Raubkatze nicht von selbst das Weite sucht, steht dort, solle man laut rufen, klatschen und im Notfall Fichtenzapfen werfen.

Im Luchsgehege an den Rabenklippen nahe Bad Harzburg kann man mutig einen Blick durch den Zaun riskieren. Hier leben Attila, Pamina und Tamino. Zweimal in der Woche ist Fütterungszeit, und weil das Gehege groß ist, ist das die einzige sichere Luchs-Sichtungszeit. Da kann es schon einmal passieren, dass die Besucher sich ans Gatter drängeln. Wie immer in diesen Situationen höre ich den durch Loriot unsterblich gewordenen Satz: »Nun lassen Sie das Kind doch mal nach vorn!«. Kinder sind auch die Zielgruppe des Luchs-Merchandising. In allen einschlägigen Läden sind Luchs-Kuscheltiere, Luchs-Schlüsselanhänger, Luchs-Lutscher und Luchs-Mousepads erhältlich. Die Zeiten haben sich geändert, die örtlichen Jägerschaften gehen nicht mehr auf Luchsjagd, sie haben jetzt Luchsbeauftragte. Die Luchse tragen farbige Marken in den Ohren, damit sie mittels Luchsmonitoring identifiziert werden können, im Internet kann man die Luchsdatenbank einsehen, wo und wann ein Luchs oder auch nur eine Spur von ihm gesichtet wurde. Man schätzt, dass derzeit dreißig bis vierzig Tiere im Harz leben, und da so ein Luchs ein großes Revier benötigt und offenbar nicht weiß, wo die Grenzen des Nationalparks sind, hat man schon etliche Sichtungen westlich und nördlich des Hochharzes zu verzeichnen.

Kleiner als der Luchs sind die Wildkatzen, und obwohl sie unseren Hauskatzen verblüffend ähnlich sehen, handelt es sich doch um eine eigene Art. Der Harz ist die einzige Region Deutschlands, in der die dämmerungs- und nachtaktiven Tiere in freier Wildbahn überlebt haben. Gleichzeitig ist der Harz der nördlichste Verbreitungsraum der Katzen. Auch diese sind natürlich mittlerweile gechipt und überwacht. 2012 wurde das Projekt »Wilde Katzen am Grünen Band« gestartet, das, unter anderem mit EU-Geldern, die Lebensweise der Tiere erforscht und die Art schützen soll.

Natürlich gibt es auch jede Menge Rot- und Rehwild, aber das ist wie überall so weit verbreitet, dass man es nicht schützen muss, sondern ganz klassisch jagen darf. Diese Tiere wären auch die ideale Nahrung für den Wolf. Die Meinungen darüber, wann der letzte Wolf erschossen wurde, gehen auseinander. Der Herr vom Nationalparkhaus sagt, es war 1798 unterhalb des Brockens, ein Wolfsdenkmal in Dietersdorf im Südharz berichtet vom Abschuss 1724 am Forsthaus Schwiederschwende. Die Einstellung dem Raubtier gegenüber hat sich seitdem grundlegend gewandelt, heute würde man es nicht mehr abschießen, da ist man sich einig. Und da sich in Niedersachsen, Sachsen und Brandenburg schon diverse Wolfsrudel wieder angesiedelt haben, wird es wohl nur noch eine Frage der Zeit sein, bis der erste Nationalpark-Wolf gesichtet wird. Folgerichtig bezeichnet man sich als »Wolf-Erwartungsgebiet«; und auf die Frage, wann es denn so

| 170

weit sei, erhält man die Antwort »Das kann jeden Tag passieren.« Ich habe auch Plakate gesehen, auf denen stand »Willkommen, Wolf«. Man weiß ja so wenig über das Tier, mir zum Beispiel war gar nicht bekannt, dass Wölfe lesen können. 1725 soll der letzte Bär am nördlichen Harzrand erlegt worden sein, aber für ihn gibt es kein Willkommensprogramm. Wahrscheinlich hat man noch zu genau die Vorkommnisse um Bruno, den bayerischen Problembären, im Gedächtnis.

Peitschenknallen und
Birkenblattblasen:
Brauchtum und Eigenart

Kein Wildtier, sondern ein traditionsreiches Nutztier hatte ich schon auf einigen Speisekarten entdeckt, nur unter freiem Himmel noch nicht: das Harzer Rote Höhenvieh. Einige versprengte Vereine versuchen, diese urtümliche Rinderrasse in ihrer Heimat wieder zu züchten. In Wildemann lebt Herr Beuse, der diese Tradition pflegt. Auch wenn die Anmutung, unterstützt durch den Namen des Bergbauernhofes »Klein-Tirol«, eher alpenländisch ist, ist sie doch originär harzerisch. Die Bezeichnung »Bergbauernhof« bezieht sich hier auch nicht auf den Berg an sich, sondern auf das Bergwerk. Früher bekamen die Bergleute »Bergfreiheiten« zugesprochen, beispielsweise durften manche Bier brauen, andere wiederum erhielten die Erlaubnis, Kühe zu halten und auf einer Waldweide bis zum ersten Schnee zu halten. Zu diesem Zweck wurden sommers Hirten eingesetzt, die winters als Schlachter arbeiteten.

Herr Beuse führt den Bergbauernhof, und seine schönen, kräftigen roten Kühe grasen auf einer Weide. Hier werden auch die wichtigsten Feiertage im bäuerlichen Jahr begangen: Viehaustrieb zu Pfingsten und Erntedank im Herbst. Die Kühe werden geputzt und bekommen als Schmuck ein Büschel Blumen und Kräuter zwischen die Hörner gesteckt. Auch die Menschen, die die Hirten darstellen, haben sich schön gemacht und tragen eine Tracht aus einem knielangen schwarzen oder blauen Kittel, dunklen Hosen, Stiefeln, Hut und Koppel. Zwischen dem ganzen Vieh und den Festwagen kann man sich über die traditionelle Kuhglockenherstellung und die musikalischen Hobbys der Hirten kundig machen: Peitschenknallen und Hornblasen. Weniger verbreitet sind das Jodeln und das Birkenblattblasen, aber auch das kommt vor. Bei der schwer zu erlernenden Technik des Birkenblattblasens dient ein Stück Birkenrinde als Instrument, das durch den Luftstrom an den Lippen in Schwingung versetzt wird. Viele der Akteure haben ihre Harzer Füchse dabei, wobei es sich nicht um echte Füchse handelt, sondern um eine Hunderasse. Die Tiere sind schlau, flink, ausdauernd und lernwillig und wurden als Hütehunde für das Höhenvieh gezüchtet. Sie sehen aus wie puschligere Schäferhunde und haben ein rotes Fell. Die Rasse ist, wie die zugehörigen Kühe auch, vom Aussterben bedroht.

Die traditionelle Bekleidung der Hirten und ihre seltsamen Gebräuche sind hübsch anzuschauen im Gegensatz zu den Dingen, die man alltags auf den Harzer Straßen sieht. Anfangs erschrickt man noch ein bisschen. Man denkt, es ist ein Einzelfall. Dann sieht man sie überall: An den Bushaltestellen und in den Supermärkten tummeln sich Frauen jeglichen Alters, die gemischtfarbige Haartrachten tragen. Ich meine nicht Braun mit blonden Strähnchen. Ich meine Kohlrabenschwarz mit Hellblau, Weiß oder/und Pink. Die jungen Männer dagegen tragen ihr Haar hauptsächlich geschoren. In ihren Ohrläppchen spannen Ringe, die ein mehr oder minder großes Loch hinterlassen, durch das man die Harzlandschaft betrachten kann. Als ein junger Mann in ebendiesem Habitus auf einer einsamen Sackgasse, die mich zu einem Wanderweg führen sollte, vor mir aggressiv seinen Nissan wendet, aus dessen Innerem ein harter Beat und in relativ regelmäßigen Abständen der Refrain »Deutschland, Deutschland« wummert, verkneife ich mir die Fragen: »Warum trägst du Negerschmuck und fährst ein Fidschi-Auto, deutscher Mann?«. Ich habe es ja auch schon mal gehört: Nissan wird gerne gefahren, weil ein SS im Namen ist, genauso wie gerne Hasseröder-T-Shirts getragen werden, weil auch hier ein SS vorkommt und das Logo der Biermarke in der gebrochenen Schrift auch noch das Doppel-S runenähnlich aussehen lässt. Natürlich parkt der Mann den Wagen vor einem Haus, das wie eine Trutzburg vermauert ist. Oben, in den kleinen schießschartenartigen Fenstern, hängen spießige Gardinen. Die Außenmauern sind mit an die fünfzehn Schützenkönigscheiben dekoriert. Ich bin jetzt ganz froh, dass ich ihn nicht pseudo-mutig angesprochen habe, bin mir aber sicher, es gibt auch Schützenkönige ohne diese T-Shirts.

Gerechterweise muss man sagen, dass die Schützen hierzulande eine lange Tradition besitzen. Wie man es sich von einem wehrhaften kleinen Bergvolk vorstellt, ließen sie sich durch die Zeitläufte nicht einschüchtern. Im Dreißigjährigen Krieg, als auch der Harz verwüstet und geplündert wurde und das Land abwechselnd unter Wallensteins und schwedischen Truppen zu leiden hatte, formierte sich eine Art Bürgerwehr: Die »Harzschützen« waren etwa um 1626/1630 aktiv. Sie bestanden aus Handwerkern und Bauern, die sich bewaffneten und der Söldnerwillkür widersetzten. Sie formierten sich in kleinen Gruppen und nutzten ihre genaue Kenntnis der heimischen Wälder und Berge, um Soldatenlager anzugreifen und sich selbst schnell wieder ins Versteck zurückziehen zu können. Kein Wunder, dass man auch diese Geschichte für das touristische Unterhaltungsprogramm verwertet hat. »Die Harzschützen« werden als Rockmusical aufgeführt, selbstverständlich steht nun eine Liebesgeschichte im Mittelpunkt der Handlung. Die allsommerlichen Aufführungen finden derzeit auf Schloss Stolberg statt.

Aber wie ist nun das Bergvolk? Die Harzer sind eher verschlossene Typen, nicht gerade das, was man Frohnaturen nennt. Dafür ist ihnen aber auch jede taktische Freundlichkeit fremd, wie sie oftmals an touristischen Brennpunkten auftritt und von den Fremden manchmal mit Gastfreundschaft verwechselt wird. Eine merkwürdige Störrischkeit, gepaart mit ein wenig Eigenbrötlertum ist nicht selten anzutreffen. Auch das darf man nicht verwechseln, etwa mit Fremdenfeindlichkeit. Das soll nur darüber hinwegtäuschen, dass sich die Harzer selbst stets durch Zuwanderung erneuert haben. Früher lockte der Bergbau die Menschen aus anderen Regionen, heute ist es der Tourismus, der manchem Fremden Lohn und Brot gibt.

Ist das Bergvolk zäh? Natürlich, es gibt das rauere Klima, die besondere Lebensweise, die viele Jahrhunderte von der wichtigsten ökonomischen Grundlage, dem Bergbau, geprägt war. Sie sind jedoch kein typisches kleines Bergvolk, das sich bei Bedarf verschanzen kann. Denn ein

Leben in Abgeschiedenheit war, außer in ein paar Gegenden im Hochharz, nicht möglich. Es gibt keine unüberwindlichen Bergketten, die das Gebiet von der Umgebung abschließen. Und so wurde es von den Zeitläuften gebeutelt: Sämtliche Kriege fanden auch hier statt, alle Pestwellen überrollten auch den Harz. Oder wie es auf einem historischen Stich heißt: »Krieg, Theurung, Pest schlägt alles nieder/Der Hartz sinckt niech und hilft sich wieder«. (Aus: Die Alterthümer des Harzes, 1754) Eine gewisse Ausdauer, auch nach Rückschlägen, ist ihnen also eigen. Von den klösterlichen und städtischen Zentren an den Rändern drängten immer wieder verschiedene Einflüsse in den Harz hinein. Etliche wichtige Handelsstraßen führten an den Harzrändern entlang und hinterließen ihre Spuren. Historisch gesehen sind die Harzer ein Gemisch verschiedener Volksstämme, keine homogene Masse. Sachsen, Franken, Thüringer, nordische Völker, hier kommt alles zusammen. Das ist auch der Grund dafür, warum es keinen einheitlichen Harzer Dialekt gibt. Das hatte ich ja schon in Nordhausen festgestellt, wo Nordthüringisch gesprochen wurde. Im Gegenteil, hier herrscht eine überraschende Vielfalt: Sprachforscher unterteilen das Harzgebiet mit seinen Vorländern in ganze neun Mundartgebiete und dazu noch in einige Untergruppen. Da gibt es Ostfälisch, Westostfälisch, die Bode- und die Huymundart, Engrisch, Unterharzerisch, Ober- und Unterhelmegauisch, Mansfeldisch, Anhaltisch, Eichsfeldisch.

Die größte Überraschung hinsichtlich des Dialekts erlebte ich aber, als ich einen älteren Herrn in einem Clausthal-Zellerfelder Fleischerimbiss mit einer Angestellten schwatzen hörte. Das kam mir so merkwürdig vertraut vor. Aber wonach klang es? Ja, genau, es hörte sich nach meinen Verwandten rund um Annaberg im Erzgebirge an. Wie konnte das sein? Etwas Ähnliches hatte ich hier im Harz noch nicht gehört. Ich fragte ein wenig nach und erfuhr, dass vor circa 400 Jahren Bergleute aus dem Erzgebirge hierhergekommen waren. Damals gab es hier zwar keinen Gold-, aber immerhin einen Silberrausch. Die Oberharzer Bergleute waren am Ende mit ihren Mitteln und mussten die Hilfe der erfahreneren Erzgebirgler in Anspruch nehmen. Die trieben die schon vorhandenen Stollen weiter und bescherten der Region eine reiche Ausbeute an Silbererz. Heutzutage nennt man das Arbeitsmigranten, glaube ich. Und sie haben eben ihren Dialekt mitgebracht:

Eb de Sunne scheint, ebs stewert, schtarmt,
ebs schneit,
bei Tag un Nacht ohmds und frieh
wie hämisch klingst de doch
du ewwerharzer Sproch
O Annerschbarrich wie bist de schie.

Das ist der Refrain des St. Andreasberger Heimatliedes. Durch die abgeschiedene Lage der Hochharzgemeinden hat sich der Dialekt nur in wenigen Gemeinden gehalten. Er wird schon in der nächsten Umgebung nicht mehr gesprochen, und so ist eine regelrechte Sprachinsel entstanden.

Um die Erhaltung dieser vielen mundartlichen Varianten kümmert sich unter anderem der Harzklub. Das ist überhaupt der umtriebigste Verein, was die Pflege der Heimat und des Brauchtums angeht. Die Mitglieder sind in zahlreichen Ortsvereinen organisiert, pflegen die Wanderwege, führen Wanderungen, kümmern sich um die Jugend und die Alten und veranstalten Festtage und Umzüge, auf denen die Trachten gezeigt werden. Und sie bieten beispielsweise Klöppelkurse an, denn Klöppeln ist »die freundliche Schwester des Bergbaus«. Hintergrund dieser Tradition ist natürlich die Heimarbeit, die die Frauen verrichteten, um das Einkommen der Familie aufzubessern. Wer die unfreundliche Schwester des Bergbaus ist, konnte man mir allerdings nicht sagen.

Es wird Herbst da draußen

Ich bin wieder in der Waldhütte. Da es keinen Markt unten im Ort gibt, mache ich meine täglichen Besorgungen im Supermarkt. Ich habe ja kein Auto, deshalb brauche ich ein bisschen Zeit, um die Einkäufe so im Rucksack zu verstauen, dass ich sie bequem tragen kann. Ich bestelle mir erst mal einen Kaffee, schließlich heißt es gleich wieder ein bisschen bergauf tragen. Die Frau hinterm Bäckertresen klagt einem Mann im Blaumann, der auf einem der vier Stühle sitzt, die den Backshop in ein Café verwandeln, ihr Leid. »Na, mein Mann hat sich ja, nachdem er zu D-Mark-Zeiten gut verdient hatte, zehn Jahre zur Ruhe gesetzt. Erst krank, dann ABM, hier mal 'ne Umschulung, dort mal ein Lehrgang, der wollte ja nicht mehr. Aber damals war ich eben arbeitslos, dazu das Kind, und er wollte unbedingt heiraten. Da habe ich mich bequatschen lassen, ist ja mein zweiter. Scheidenlassen könnte ich mir heutzutage gar nicht leisten.« Der Blaumann pflichtet bei: »Heute früh im Radio haben sie den gebracht: ›Puh, heute Morgen ist es kalt. Sehr kalt. Es wurden schon Rechtsanwälte gesehen, die ihre Hände in den eigenen Taschen hatten.‹«

Als ich wieder nach draußen gehe, zieht über dem großen Parkplatz vor dem Supermarkt elegant ein Roter Milan seine Beutekreise. Es ist tatsächlich kalt geworden, der Radiomoderator hatte recht, bemerke ich erst auf dem Rückweg. Die ersten Nebel steigen auf, langsam färben sich die Bäume. Morgens kündigt sich Bodenfrost an, nun kommt der Herbst. Als ich die Lebensmittel verstaut habe, setzte ich mich unter die Eichenbäume vor der Hütte. Das Eichhörnchen sitzt oben und wirft mit Zweigen und Eicheln. Ich nehme es nicht persönlich. Zwei Kleiber sind an den Baumstämmen unterwegs und hacken zur Frühstücks- und zur Abendbrotzeit gegen die Rinde. Es regnet. In den Regenpausen kommt ein Rotkehlchen an den Rand der Regentonne. Über die Tonne ist ein Netz gespannt, damit keine Zweige oder Laub vom Baum hereinfallen. Es stellt sich heraus, dass dies ein ideales Vogelfreibad ist. Das Rotkehlchen badet ausgiebig. Meisen gesellen sich dazu. Die Vogelhäuschen, die die Vorbesitzer angebracht haben, sind auch dieses Jahr leer geblieben. Zwei Tannen auf dem Grundstück sind vollständig abgestorben. Ein Bild wie früher zu Saurer-Regen-Zeiten. Was ist eigentlich daraus geworden? Wenn man vor 25 Jahren die Prognosen in den Zeitungen las, müsste Deutschland heute eigentlich aussehen wie die Innere Mongolei. Doch rund um die beiden Tannen ist alles grün und gesund.

Obgleich ich hier keinen Fernseher habe, komme ich in den Genuss eines abendlichen Unterhaltungsprogramms. Jeden zweiten Abend übt der Spielmannszug. Der Abendwind trägt die Klänge deutlich über den ansonsten völlig ruhigen Ort zu mir nach oben. Man kann ohne Weiteres Hörner, Querflöten, Trommeln und Pauken unterscheiden, sogar eine Melodie, sie spielen »*Oh, When the Saints go Marching in*«. Und dann bringen sie ein ABBA-Medley. Ich wusste gar nicht, dass ABBA auch so schmissig klingen kann.

Am anderen Morgen vor dem Supermarkt herrscht dann große Aufregung unter den Rentnern: »Wie laut das gestern Abend wieder war! Die nehmen keine Rücksicht. Ich musste sogar mein Hörgerät leiser stellen.« Aus der Zeitung erfahre ich, dass die Spielleute so oft trainieren, weil sie an einer Meisterschaft der Spielmannszüge teilnehmen, und weil die Trainingsperiode so anstrengend war, werden sie danach erst mal für ein paar Monate kein Instrument mehr anfassen. Halleluja.

Gärten und Parks

Wächst hier überhaupt etwas außer Fichten, Buchen und Eichen, fragt man sich? Was für Pflänzchen halten es schon aus in diesem unwirtlichen, rauen Klima? »Ja«, lautet die Antwort auf die erste Frage und »so einiges« die auf die zweite. Natürlich darf man keinen südenglischen Rhododendren-Dschungel erwarten, wenn man die Parks und Gärten des Harzes aufsucht. Aber es gibt doch eine überraschende Vielfalt der Anlagen. Die Extremisten unter den Pflanzen sind im Brockengarten zu finden. Circa 1700 Pflanzenarten aus den Gebirgen dieser Welt werden hier kultiviert. Im Jahr 1890 ließ sich der Leiter des Göttinger Botanischen Gartens, Albert Peter, von Graf Otto zu Stolberg-Wernigerode die Genehmigung zum Aufbau des Gartens auf dem Brocken geben. Hier wird nicht nur die subalpine Mattenvegetation, die auf dem Brocken vorherrscht, veranschaulicht, sondern es werden viele andere gebirgsaffine Pflanzenarten gezogen. Der Garten musste einige Male neu aufgebaut werden. Die beiden Weltkriege verhinderten die kontinuierliche Arbeit der Botaniker ebenso wie die Vereinnahmung des Brockens als militärische Sperrzone. Die Bestandsaufnahme nach dem Mauerfall ergab, dass lediglich etwa neunzig Arten von ursprünglich einmal weit über tausend kultivierten überlebt hatten.

Wie schon erwähnt, verfügt der Brocken durch seine ausgesetzte Lage ja über klimatische Verhältnisse, die gar nicht seiner wahren Höhe von 1142 Metern entsprechen, sondern vergleichbar sind mit alpinen Verhältnissen um die 2000 Meter Höhe. Und so lassen sich hier auch Pflanzen anbauen, die sonst nur in den Alpen heimisch sind. Selbstverständlich sind Enzian und Edelweiß dabei. Es ist ein Garten, der die eher unscheinbaren Höhenspezialisten beherbergt, man muss manchmal schon genau hinsehen, welches Gewächs sich zwischen den Steinen behauptet. Zum Glück ist aber alles genau ausgeschildert, und so kann man Mauerpfeffer aus dem Kaukasus oder eine patagonische Pantoffelblume anschauen. Im Sommerhalbjahr ist der Schaugarten für Besucher geöffnet. Ein nicht öffentlicher Versuchsbereich dient der botanischen Forschung der Universitäten Göttingen und Halle. Besonderes Augenmerk richten die Forscher dabei vor allem auf seltene Arten und solche, die vom Aussterben bedroht sind. Natürlich ist hier das Anfassen oder Abreißen der Pflanzen verboten.

Etwas anderes ist es damit in Altenau. Der Ort liegt im Hochharz, ziemlich genau in der Mitte zwischen Torfhaus und Clausthal-Zellerfeld. Hier befindet sich ein Kräutergarten, der nicht nur Pflanzenliebhaber anzieht. Vor allem für leidenschaftliche Köche und Köchinnen lohnt sich ein Besuch, aber auch für Menschen, die sich für die heilende Wirkung von Kräutern interessieren. Der Gründer und

Inhaber des Kräuterparks Altenau hat die ganze Welt bereist und bringt hier nun seine Erkenntnisse und Leidenschaft für Gewürze unter die Menschen. Allein an Pfeffer, Melisse und Minze gibt es im Garten eine Auswahl von mehreren Dutzend Sorten. In einer Pagode kann man die Heimat der Gewürze ergründen und Kostproben nehmen. Gut ist, dass man sich hier nicht hemmungslos der eigenen Phantasie hingegeben, sondern sich bei den exotischen Würzmischungen an diejenigen gehalten hat, die traditionell in den Herkunftsländern Verwendung finden. Indonesische, jamaikanische, kaukasische, rumänische, kamerunische und viele Hundert andere Würzmischungen sind im Angebot. Im Sommerhalbjahr kann man auch gleich eine ganze Pflanze für den heimischen Garten oder Balkon mitnehmen.

Die Roseburg bei Ballenstedt wurde als Privatissimum vom Berliner Architekten Bernhard Sehring Anfang des 20. Jahrhunderts auf den Grundmauern einer alten Burg gebaut. Die Bauten sind ein trutziger Stilmix aus romanischen und spätmittelalterlichen Elementen. Die Parklandschaft ist integraler Bestandteil der Gesamtanlage und kombiniert einen englischen Garten mit italienischem Barock. Eine Wasserkaskade gliedert den Park. Schwelgerische Details wie Putten, Löwen, Brücken, Säulen, Ziergeländer und anderes dekoratives Zubehör sind überall zu finden. Aufgrund seines verwunschenen Gesamtcharakters sprechen manche von einem Märchenschloss. Sehring verbrachte in diesem selbst geschaffenen Traumreich seinen Lebensabend. Während seiner Berufstätigkeit errichtete er unter anderem einige Theaterbauten, darunter das Berliner Theater des Westens und in Thale die schon erwähnte Walpurgishalle. Der Architekt starb 1941 und musste so auch die Enteignung seines Werks und vor allem die pragmatische Zweckentfremdung nicht miterleben. Die örtliche Landwirtschaftliche Produktionsgenossenschaft (LPG) nutzte nämlich kurzerhand den Garten für die Hühnerzucht und bildete in der Burg Geflügelzüchter aus. Anschließend pachtete der Kulturbund der DDR das Anwesen für zwanzig Jahre und machte daraus ein Kultur- und Erholungszentrum, bevor er es in den 1980er-Jahren wieder der LPG überlassen musste. Heute ist die Roseburg wieder in privater Hand. Die wundersame Anlage ist das ganze Jahr über für Besucher geöffnet.

Staatstragender geht es in den Blankenburger Schlossgärten zu. Als Residenz hatte man schließlich Repräsentationspflichten. So kann man auch gleich zwei Schlösser in der kleinen Stadt besichtigen. Das Kleine Schloss am Schnappelberg beherbergt das Heimatmuseum. Direkt vor ihm ist ein schöner barocker Lustgarten angelegt. Aber nicht nur das: Ein ganzes Ensemble von Schlossgärten mit Fasanengarten, Schlosspark und Tiergarten zieht sich bis zum Großen Schloss. Im 17. Jahrhundert wurde mit der Anlage begonnen, und noch heute ist sie eine der größten ihrer Art in Sachsen-Anhalt. Zahlreiche Entdeckungen sind auf einem ausgedehnten Spaziergang zu machen: etwa ein Berggarten mit Teehaus oder ein Prinzessinnenturm in der Stadtmauer, den man sogar mieten kann. Das alles führt dazu, dass man hier manchmal auch Frauen beobachten kann, die die Münder spitzen und Entzückensrufe ausstoßen.

Wer genug von dem ganzen Grünzeug hat und nach ein wenig Abwechslung sucht, ist in Sangerhausen am richtigen Ort. Die Stadt liegt am südöstlichen Zipfel des Harzgebirges. Für Rosenfreunde ist sie ein Mekka, denn das dort 1903 gegründete Rosarium bietet die größte Rosensammlung der Welt. In der weitläufigen Gartenanlage kann man von April bis Oktober über 8300 Rosensorten sehen und riechen. Die Blütenpracht ist überwältigend. Das ist auch diversen Busunternehmern nicht entgangen, die sich auf Rentner mit viel Zeit spezialisiert haben. Auf dem Parkplatz sieht man die Reisebusse mit den geschwungenen Schriftzügen in ordentlicher Reihe stehen. Graumelierte Herrschaften purzeln heraus. Da die meisten aber eine Führung in ihrem Gesamtpaket Busreise »Blütentraum« gebucht haben und sich demzufolge gerne in Trauben vor den Beeten ballen, kann man auch diese Horden gut umgehen. Längst ist der Rosengarten auch zum Eventort geworden, man bietet den Besuchern musikalische Unterhaltung an: Wer möchte, kann eine Operngala, Rockkonzerte oder die Klassiknacht besuchen. Das Rosarium wird auch als Forschungsstätte genutzt. Man ist seit Neuestem Mitglied der Deutschen Genbank Rose und sichert so das Überleben der mannigfaltigen Züchtungen. Wer sich in die Fachliteratur vertiefen will, findet auch dazu Gelegenheit: Das Rosarium betreibt eine Präsenzbibliothek, die sich natürlich auf Rosen spezialisiert hat. Die Buchbestände bis 1945 muss man allerdings in Russland suchen, denn dorthin wurden sie als Kriegsreparationsleistung mitgenommen. Selbstverständlich gibt es auch ein Geschäft, in dem man neben allerlei Nippes auch Rosenstöcke kaufen kann, es werden Eigenzuchten und seltene Sorten angeboten. Regelmäßig gibt es im Frühjahr und Herbst einen Tag der offenen Tür, das weiß ich jetzt. Ich wusste es nicht, als ich in den herbstlichen hineinstolperte. Wer Kinder mag, die sich beim Kürbisschnitzen blutige Finger geholt haben und die sich, den ganzen Tag von den Eltern auf das abendliche Highlight, den Lampionumzug, vertröstet, dann in herzzerreißende Weinkrämpfe hineinsteigern, weil ihre plissierte lachende Sonne ja nur aus Papier ist und schnell Feuer fängt, ist hier gut aufgehoben. Ebenso wer etwas mit Schalmeienkapellen anfangen kann. Genau wie derjenige, der seine Zuchterfolge beim Ziehen der größten oder möglichst skurril geformten Zierkürbisse den Besuchern vorzeigen möchte.

Zum Schluss sehen wir uns noch zwei bemerkenswerte Orte an, die sich der Pflege von Bäumen verschrieben haben. Die erste Baum-Besonderheit findet sich in Wernigerode. Das Wernigeröder Kastanienwäldchen ist die nördlichste Anpflanzung dieser Art. Im Frühling leuchten die weißen Blüten des Areals mit ein paar roten Einsprengseln. Im Herbst mischt sich in den Nebel zwischen den goldbraunen Blättern manchmal der Geruch von Holzkohle. Das sind natürlich keine Köhler, denn das Wäldchen steht unter Schutz, oder wie es im Amtsdeutsch heißt: Es ist ein Naturflächendenkmal. Ein paar Jugendliche haben sich unter die Bäume gesetzt, um bei einer Flasche Wein gemütlich die frischen Esskastanien zu braten. Sie sollen es mit ihrem Geschmack milder Süße mit den italienischen oder Schweizer Maroni aufnehmen können. Graf Christian Friedrich zu Stolberg-Wernigerode ließ 1790 unterhalb des Schlosses eine Plantage dieser Esskastanien anlegen. Etliche der damals gepflanzten Bäume stehen noch und sind entsprechend groß gewachsen. Es ist nicht ganz klar, zu welchem Zweck der Graf dies tun ließ, auf jeden Fall aber ist belegt, dass er die Tafel des preußischen Kronprinzen damit belieferte. Heute wird der jährliche Ertrag auf etwa eine Tonne geschätzt.

Von der gräflichen Monokultur nun zu einem Hort der Artenvielfalt: In den 1970er-Jahren wurde am westlichen Harzrand das Arboretum Grund gegründet. Das war wohl ein zu unverständlicher Name, deshalb hört das Gelände jetzt auf den Namen WeltWald Bad Grund. Hier kann man sich von der Baumvielfalt der Welt auf einer kleinen Wanderung einen Eindruck verschaffen. Dem Vorhaben zugute kam ein Sturm, dem ein Fichtenwald zum Opfer fiel. So wurde Platz für die Neuanpflanzungen geschaffen. Zuerst war es mehr oder weniger ein Versuchsgelände, keiner der Förster konnte mit Sicherheit sagen, ob die Gehölze aus aller Welt die klimatischen Bedingungen des rauen Harzes vertragen würden. Über die Jahre ist nun mit 65 Hektar der größte botanische Baumgarten Deutschlands entstanden. Der Eintritt ist frei, und auf einem Spaziergang kann man vom Himalaja in die nordamerikanischen Wälder laufen, an der Pazifikküste entlanggehen, um in Alaska zu landen oder noch einmal einen Abstecher in die Rocky Mountains zu machen. Der große Park ist durch zwölf Kilometer Wanderwege erschlossen. Eine besondere Attraktion sind die Mammutbäume, die natürlich noch nicht so mächtig wie die in ihrer Heimat sind. Aber in etwa 300 Jahren sollen sie deren einzigartige Größe erreicht haben. Im Herbst ist das Farbschauspiel am schönsten, und wer hätte gedacht, dass man im Harz sogar den Indian Summer erleben kann: Das leuchtende Gelb stammt vom Laub der Papierbirke und das intensive Karminrot vom Weinahorn. Ein bisschen Indianer spielen kann man auch: Ein paar Gimmicks wie indianische Totempfähle, ein Indianergrab und ein Felsenirrgarten sorgen auch bei Kindern für Abwechslung.

Kalter Krieg und Grünes Band

Der Kalte Krieg zerschnitt Deutschland, und der Schnitt ging mitten durch die geschichtliche, kulturelle und wirtschaftliche Einheit des Harzes. Der Brocken, als Berg der Deutschen über die Jahre der Teilung weder von Ost noch von West erreichbar, stand, symbolisch aufgeladen, mittendrin und war als Horchposten gen Freund und Feind ausgebaut. Während der Rest Deutschlands schon seit fast einem Monat die neue Reisefreizügigkeit genoss, fiel die Mauer hier oben erst am 3. 12. 1989. 6000 Menschen hatten sich in einer Sternwanderung aufgemacht und verlangten, dass auch die Brockenmauer fiel. Der Harzklub organisiert noch heute an jedem Jahrestag eine Sternwanderung zum historischen Ort. Seit dem Mauerfall wurde die Festung Brocken geschleift: Die versiegelte Fläche wurde von 53 000 Quadratmetern auf 10 000 Quadratmeter reduziert, allein an Kalkschotter wurden 20 000 Tonnen abtransportiert und die neu entstandenen Flächen wurden renaturiert.

Das Grüne Band, das sich entlang der ehemaligen innerdeutschen Grenze zieht, ist mitnichten nur metaphorisch zu verstehen. An manchen Etappen kann man linker Hand und rechter Hand monokulturelle Nutzlandschaften sehen, durch die sich das Band wie ein Korridor der biologischen Vielfalt zieht. Das Grüne Band bildet praktisch das Vexierbild des ehemaligen Todesstreifens. Wo sich bis 1989 eine kahl gemähte verminte Spur durch Deutschland zog, ist nun eine besondere Art des Naturparks entstanden. Etwa hundert Kilometer davon schlängeln sich als Wanderwege durch den Harz. Im Norden geht es bei Osterwieck los, und im Süden endet der Harzabschnitt im Grenzlandmuseum Tettenbom bei Bad Sachsa. Dazwischen liegt das Eckertal mit der Eckertalsperre, durch deren Mitte die Staatsgrenze verlief. Auf der hohen Staumauer, über die man gehen kann, steht noch der alte Grenzstein. Weitere Orientierungspunkte sind Brocken, Wurmberg und Elend. Man kann ehemals geheime Patrouillerouten der Grenzsoldaten wie auch ausgebaute Straßen beschreiten. Der Kolonnenweg, über den die Militärfahrzeuge des Warschauer Pakts zum Brocken rollten, ist berühmt-berüchtigt. Bestimmt hat ihn schon jeder Wanderer verflucht, der die lang gezogene Steigung auf den Betonplatten hinter sich gebracht hat. Besonders wenn die Beine schon müde sind, muss man sich anstrengen, nicht auch noch über die durch die Betonlöcher wuchernden Grasbüschel zu stolpern.

Zur Anstrengung kommt hinzu, dass das alles ein bisschen gespenstisch wirkt. Wenn wieder mal Nebel den Brocken umhüllt, freut man sich, wenn man nicht ganz alleine unterwegs ist. Das berühmte Brockengespenst entsteht nämlich durch eine kleine Sinnestäuschung. Wenn die Sonne tief steht und sich Wolken oder Nebel entsprechend gesenkt haben, entsteht eine Reflexionsfläche, die den Wanderer glauben macht, er sähe eine schemenhafte Gestalt im Dunst. Man erschrickt also vor sich selbst.

Der erste Impuls nach der Maueröffnung war zunächst ein Totalabriss der Grenzanlagen, zu schändlich hatte man unter deren Existenz gelitten. Doch glücklicherweise hat man zur Erinnerung für kommende Generationen Abschnitte gesichert, die als Erinnerungslandschaft dienen. Das ist natürlich noch anschaulicher als Museumsgebäude mit NVA-Uniformen und Modellen, auf denen ein paar Modelleisenbahntannenbäume stehen. So kann man in der Grenzlandschaft bei Sorge neben der Ausstellung die Anlagen der Grenze besichtigen. Die Mauer war ja nicht einfach nur eine Mauer, das war eher ein Berliner Spezifikum, sondern bestand an der innerdeutschen Grenze aus einem ganzen System von Sperranlagen mit mehreren Grenzzäunen. Auf einer kleinen Wanderung kann man sich, auch anhand der aufgestellten Informationstafeln, kundig machen. Auf dem Weg fällt mir auf, dass man sich komischerweise von Nadelwald immer mehr umstellt fühlt als von Mischwald. Nadelwald wirkt irgendwie soldatischer. Eine Hundelaufanlage und ein Wachturm sowie ein Bunker sind noch zu sehen. Die perfiden automatischen Signalanlagen und Tötungsfallen werden außerdem erläutert. Die Selbstschussanlagen wurden in den Jahren 1983/84, vor allem als Gegenleistung für den Milliardenkredit, den Franz Josef Strauß der DDR gewährte, abgebaut. Die Munition bestand aus kleinen Metallwürfeln, die mit hundert Gramm TNT beschleunigt und aus einem Trichter parallel zum Zaun abgefeuert wurden. Vermutlich ging ein Teil des Kreditgeldes auch in den weiteren Grenzausbau, denn durch den Abbau der Selbstschussanlagen wurde die Grenze ja nicht etwa leichter überwindbar. Seit 1961, als die Mauer in kürzester Zeit hochgezogen wurde, war schon wieder einiges verfallen. Und so investierte man noch in den 1980er-Jahren in neue Zäune, rostfreien Stacheldraht, Landminen und Stolperdraht.

Die Geschichte des Kalten Krieges muss allerdings neu geschrieben werden. Viele denken ja, dass er 1989 endete. Mitnichten, zwanzig Jahre danach flackerte er wieder auf. Im Zuge einer Gebietsreform in Sachsen-Anhalt entbrannte ein erbitterter Streit zwischen fünf Gemeinden (West) und zehn Gemeinden (Ost). Die Gemeinden West hatten sich 1972 zu einer »Samtgemeinde Oberharz« zusammengeschlossen, die Gemeinden Ost hatten 2009 die Idee, sich ebenso zusammenzuschließen und sich in »Stadt Oberharz am Brocken« umzubenennen. Die Territorien der beiden Gemeindeverbände grenzen unmittelbar aneinander, und die Grenze ist im Wesentlichen die zwischen Niedersachsen und Sachsen-Anhalt und nahezu identisch mit dem Verlauf der Mauer.

Die Samtgemeinde war ob der Namensgebung sauer, und zwar richtig, und setzte Protestnoten auf. Der Osten antwortete nicht. Nachdem in der Presse kolportiert wurde, dass sich der Osten »mit dem Arsch« auf den Protest setzen würde, verschärfte sich der Ton. Verletzungen, Aggression, Unfähigkeit, Undankbarkeit, Unbelehrbarkeit, Drohungen, imperialistische Hetzkampagne – diese Worte und Vorwürfe flogen über die nicht mehr vorhandene Mauer. Der Westen klagte. Das Gericht entschied im Eilverfahren: Der Osten darf sich auch Oberharz nennen. Der Westen klagte noch einmal. Das nächste Gericht entschied im Eilverfahren: Der Osten darf sich auch Oberharz nennen. Ein Mediator wurde eingeschaltet. Kein Ergebnis. Der Westen wollte in die Berufung. Nichts da, das Gericht beschloss, dass das letzte Urteil gültig sei.

Wernigerode schien ein vernünftiger Part in dem Ganzen zu sein, die Stadt plädierte für eine abgestimmte Namensgebung, die der touristischen Wahrnehmung des Gesamtharzes nicht schade. Die Westler meinten deshalb, es handele sich *nicht* um einen Ost-West-Konflikt. Oh, Täuschbarkeit der Regierenden! Wenn ein kleines, störrisches Bergvolk beschließt, einen Namen zu verwenden, den es für richtig hält, dann kann es das auch locker aussitzen. Das heißt jetzt Freiheit. Denn die Freiheit ist immer auch die Freiheit der Gleichnamigen, das stand so ähnlich doch schon bei Rosa Luxemburg. Man muss sich vor Augen halten, dass es sich hier um eine reine Verwaltungsbegrifflichkeit handelt. Natürlich fährt kein einziger Tourist in die Samtgemeinde Oberharz (West) oder die Stadt Oberharz am Brocken (Ost). Der Tourist fährt weiterhin nach Altenau oder Torfhaus (West) oder Elend oder Benneckenstein (Ost).

Laut den Chroniken ist kein Blut geflossen.

Im Kurschatten: Bad Harzburg

Unweit von Goslar, von bewaldeten Bergen umgeben, liegt Bad Harzburg. Die namensgebende Hartesburg diente der Verteidigung der Kaiserpfalz Goslar. Heute verteidigen die Einheimischen hier ihre Pensionen und die Kurgäste ihre Gesundheit. In 3000 Betten und drei Kurkliniken können die maladen Gäste beherbergt werden. Der Tourismus des Ortes hat sich seit dem 19. Jahrhundert vor allem durch das Vorkommen von Schwefel-Sole-Heilquellen entwickelt. Das Kurbad verfügt über eine Sole-Therme. Die Trink- und Wandelhalle ist das Schmuckstück des Ortes und vermittelt noch etwas vom Charme vergangener Tage, als das Kuren etwas für die besseren Kreise war. In leichtem Bogen gebaut, steht sie im Kurpark, das Palmencafé sorgt für das leibliche Wohl, und im Veranstaltungsraum hinter dem Trinkbrunnen probt der örtliche Chor seine Auftritte. Der Halle gegenüber ist der Eingang der Spielbank, die für die Zerstreuung der Kurgäste sorgen soll. Längst verfügt auch dieses gediegene Exemplar über eine Automatenhalle. Die echten Zocker sitzen aber in den dunklen Spielhallen, von denen es auch einige auf der Bummelallee gibt.

Die Bummelallee zieht sich parallel zur Bundesstraße 4 durch den Ort und ist sein Herzstück. Sie heißt eigentlich Herzog-Wilhelm-Straße. Während in Rest-Deutschland die Innenstädte verödet sind und von den bekannten Mode-, Hinstellkram- und Elektronikketten dominiert werden, hat hier der Einzelhandel eine echte Bastion gehalten. Die Allee, in der tatsächlich viele hohe Kastanienbäume stehen, ist eine einzige Abfolge von Schuh- und Bekleidungsläden, die sich mit Konditoreien und Cafés abwechseln. Über den Läden prangen meist Schriftzüge mit Nachnamen. Die Typografie der Leuchtreklamen stammt aus den 1960er-, teilweise 1950er-Jahren. Wenn Udo Jürgens nicht hier auf seinen Song »… aber bitte mit Sahne« gekommen ist, weiß ich auch nicht, wo sonst. Es wimmelt nur so von Mathildes, Ottilies, Lilianes und Maries, die kauend vor ihren großen Tortenstückchen sitzen. Links und rechts der Allee sieht man Bäderarchitektur mit aufwendig geschnitzten hölzernen Balkonen und dazwischen die üblichen Betonbausünden der 1970er-Jahre. Inmitten der Allee steht der Jungbrunnen. Der Brunnen ist von zahlreichen karikaturhaften Bronzefiguren besiedelt, die in ihm baden oder hineinpinkeln. Mir fällt auf, dass der Jungbrunnen hier seine Berechtigung hat. Viele der Bummelnden sind ältere Semester, und öfter stehen Patienten in Trainingshosen mit Krücken zum Luftschnappen am Straßenrand.

Da ich dringend mein Rückfahrtticket ausdrucken muss, suche ich nach einem Internetcafé. Der Zeitungsmann weiß immer Bescheid, denke ich mir, und gehe in einen Zeitungsladen. Der ältere Herr ist sehr freundlich, aber auch sehr ratlos. Hilfsbereit ruft er in den Hinterraum, offenbar sitzt da noch jemand: »Inge, wo ist dieses Café, ach wie heißt das noch mal, das mit den jungen Leuten, du weißt schon. Irgendwas mit A, A, Ajax oder nee, Abrafax, nee Amrax, Inge, ich komm nicht drauf!« Wenigstens kann er mir den Weg ganz genau beschreiben. Zwei Querstraßen weiter finde ich gar nichts, nicht die Spur von einem Lokal oder einem Café. Ich gehe in die Bücherstube, die ich auf dem Weg gesehen habe. »Sie meinen das Abraxas?«, sagt die freundliche Frau hinter der Kasse nachdenklich. »Ach ja! Da war ich als Schülerin immer, das hat schon vor zwanzig Jahren geschlossen.« Zunehmend verzweifelt mache ich mich weiter auf die Suche nach dieser ultramodernen Einrichtung Internet mit angeschlossenem Drucker und folge der Empfehlung der Buchhändlerin, ich solle es im nächsten Hotel versuchen. Die Rezeption liegt im ersten Stock, und ich quetsche mich mit einem Ehepaar in grau-beigem Partnerlook in die Fahrstuhlkabine. Der Rezeptionist sieht mich an, als hätte ich nach einem Teilchenbeschleuniger gefragt. Er gibt mir aber den entscheidenden Tipp, und so gehe ich in die Spielhölle gegenüber. Ich brauche ein paar Sekunden, um mich zu orientieren, es ist sehr dunkel hier, und außerdem irritieren mich die vielen Spiegel, die die Spotlights so zurückwerfen, dass die Eintretenden geblendet werden. Ein gelangweilter junger Mann hinterm Tresen schickt mich die Treppe hinunter. Tatsächlich, hier stehen zwei PCs auf Tischen, eine Pappblende ist zwischen die gegenüberliegenden Plätze gezogen, und der spielsüchtige Junkie gegenüber ist sehr nett und erklärt mir, wo ich die Münzen einzuwerfen habe. Ich zögere eine Sekunde lang, die Daten meines Bahnaccounts in die schmierige Tastatur zu tippen. Von oben dudeln die Geldspielautomaten.

196

Ich habe keine Wahl – und überraschenderweise funktioniert sogar der Drucker an der anderen Seite des Raumes. Schnell schnappe ich mir den Ausdruck und gehe treppauf aus der Hölle heraus.

In den 1960er- und 1970er-Jahren war der Ort wohl mal todschick und angesagt, nur was für die Betuchteren. Außerdem hatte sich hier eine Art Westberliner Enklave etabliert, die Alt Berliner Stuben künden noch davon, an einer Straßenkreuzung sehe ich inmitten einer Blumenrabatte eine Art Gedenkstein mit einem eingemeißelten jungen Bären, auf dem einfach nur die Lettern BERLIN stehen. Beinahe mitten im Wald hat man 1972 ein dreitürmiges Betonhochhaus gebaut, in dem sich die Eingesperrten aus der Freien Stadt Ferienwohnungen und Eigentumswohnungen zulegten. Die Anlage ist noch immer in Betrieb und für eine Zeitreise gut. Sie führt mich in die 1970er-Jahre. Ein handliches Modell in einer Vitrine soll die riesige Wohnmaschine für das kleine menschliche Begriffsvermögen fassbar machen. Im Foyer des Betonmonsters grüßt ein Wasserspiel, alles ist überdimensioniert und wirkt extra groß, zumal nur vereinzelt Menschen zu sehen sind. Das wäre ein guter Drehort für einen RAF-Film, entweder, um zu zeigen, wo die Terroristen sich unauffällig im anonymen Massenwohnbetrieb versteckten, oder um ein perfektes Entführtenversteck zu zeigen. Auch für die ganze aufwendige Filmmaschinerie wäre genügend Platz. Damals war das natürlich alles hypermodern. Jetzt weht ein charakteristischer Hauch von Altersheim durch die Gänge. Aber es gibt ja auch schon genügend RAF-Filme. Heute kann man hier günstige Ferienwohnungen mieten.

Wer möchte, kann mit der Kabinenbahn auf den Burgberg fahren und den Blick über die Stadt und die umgebenden Berge genießen. Im Eingangsbereich der Bahn hat man einen Luchs aufgebaut, der die Vorbeifahrenden durch seine schiere Größe erschreckt. Von der Burg allerdings steht außer den Grundmauern nichts mehr. Dafür leuchtet abends der Obelisk, der dort zu Ehren Bismarcks aufgestellt wurde. Außerdem ist die Stadt noch für das älteste Vollblutgestüt Deutschlands und ihre Galopprennbahn bekannt. Die B4 durchschneidet den Ort, an ihr liegt auch der künstlich angelegte Radau-Wasserfall (die Betonung liegt auf dem ersten a), aber die vierspurige Bundesstraße sorgt dafür, dass der Wasserfall mit Radau (Betonung auf dem au) übertönt wird.

Zum Nutzen des Harzes: Osterode

Es ist ein schöneres Gefühl, in die Freiheit als in Elend oder Sorge hineinzufahren. Das gelbe Ortseingangsschild kündet davon, dass Freiheit zur Stadt Osterode gehört. Aber die Freiheit, die sie hier meinen, ergibt sich nicht aus der Grundgesetzfreiheit, sondern aus der Bergfreiheit, die zur Nutzung der Bodenschätze gewährt wurde. Die Stadt liegt am südwestlichen Harzrand, hier beginnt – oder endet – der Harzer Hexenstieg. Der Ort ist weniger bekannt und dennoch eine Reise wert, will man sich noch mal genauer mit dem Fachwerk befassen. Ein gut erkennbarer Ortskern mit diesen Bauten ist in ein bis zwei Stunden zu besichtigen. Ich gehe gleich hinter der Touristeninformation an der Stadtmauer entlang. In die Mauer ist ein kleines Schildwachehäuschen hineingebaut, laut Beschriftung wird es vom CVJM bewirtschaftet. Es wäre eigentlich ein romantisches Herberglein, aber hinter den staubigen Scheiben sieht es so aus, als wäre hier kein Betrieb mehr. Gleich am nördlichen Stadtring befindet sich ein großer dreistöckiger, 1722 vollendeter Bau, der ins Auge fällt. Über dem Eingang prangt das lateinische Motto UTILITATI HERCYNIÆ, welches »Zum Nutzen des Harzes« übersetzt wird. Es leitet sich daher, dass das Gebäude früher als Kornmagazin für den Oberharz diente. Von hier, vom Harzrand aus, wurden die abgelegenen Orte im gebirgigen Gebiet mit Korn versorgt. Die Preise waren amtlich reguliert, und so konnte man etwaige Hungersnöte verhindern. Nun ist das Rathaus im ehemaligen Kornmagazin untergebracht.

Ein paar Straßen weiter, vor dem Alten Rathaus, steht ein schönes Denkmal, das daran erinnert. Ein Eseltreiber mit seinem Tier, das einen Kornsack auf dem Rücken trägt, geht in Bronze auf der Straße entlang. Vor Ort kann man jetzt auch einen echten Esel mieten, allerdings nicht um Korn über die Harzberge zu tragen, sondern sein eigenes Gepäck, und um auf der Wandertour einen tierischen Begleiter zu haben.

Das Alte Rathaus diente früher unter anderem als Supermarkt, im Erdgeschoss ging der Bürger einkaufen, im Ratskeller einen trinken. Letzteres kann man heute noch. Unter dem Erker des Alten Rathauses hängt eine Walfischrippe, die die Stadt vor Überflutungen schützen sollte – heutzutage hat man ja die Talsperren zu diesem Zwecke. Der Küster der Marktkirche St. Aegidien hat vor der Kirchentür ein HB-Männchen, mit einem Talar ausgestattet, platziert. Es hält eine Tafel mit den Kirchenöffnungszeiten. Der mächtige, schon von Weitem sichtbare Kirchturm wurde erst nachträglich dem Kirchenbau hinzugefügt. In den Jahren 1578/79 entstand der ungegliederte Kalk-Bruchsteinbau, der seither einige Umbauten, vor allem im Innenbereich, erfahren hat. Heute sind in ihm ein Kabinett mit historischen Stücken aus der Kirchengeschichte und eine Bibliothek untergebracht. Hier finden auch Veranstaltungen statt, und samstags ist es möglich, das Bauwerk zu besichtigen. In der Kirche ist vor allem die Holzdecke mit diversen Porträts interessant. Man hatte die Kassettendecke erst Mitte des 20. Jahrhundert bei Renovierungsarbeiten wiederentdeckt. 172 bemalte Platten zeigten die Köpfe von Gestalten aus der Bibel, katholischen Kirchenvätern, aber auch heidnischen Königen, was eine Datierung in die vorreformatorische Zeit nahelegte. Die Hälfte davon ist noch gut erhalten und heute zu sehen. Entweder steigt man auf den Kirchturm, um sich ein Bild von der Stadtanlage zu machen, oder man geht ins Heimatmuseum, wo einen gleich im ersten Raum das Modell dieser Kleinstadt empfängt. Das Museum befindet sich selbst in einem schönen Fachwerkbau mit mehreren auskragenden Etagen, es heißt Ritterhaus. Schützenketten und -uniformen künden von der hiesigen Tradition im Umgang mit Schusswaffen. Auch die vier Evangelisten des Tilman Riemenschneider sind zu sehen, leider nur in Abgüssen, die originalen Schnitzwerke befinden sich in Berlin. Wie in allen Heimatmuseen sind ein paar Ausgrabungsstücke zu betrachten, die belegen sollen, dass hier schon die Steinzeitmenschen ihre Feuersteine zurechtgehauen haben. In den oberen Etagen wird es dann etwas spezifischer. Die die Stadt prägenden Handwerke sind näher vorgestellt, so sind beispielsweise die Werkzeuge eines Schumachers ausgestellt. Der Eisenguss wird anhand eines Lyra-Ofens erläutert, der im Biedermeier ein Verkaufsschlager war. Die einzelnen Ofenteile wurden so montiert, dass Heißhalteplatten für Töpfe und Kannen entstanden, der freie Raum wurde mit einer gusseisernen Lyra verschönert. Hier hatten außerdem Wollwarenfabriken ihren Sitz, folgerichtig steht ein riesiger

Webstuhl in dem Zimmer, das das Gewerbe thematisiert. Die richtig reiche Industriellenfamilie des Städtchens stellte jedoch im 19. Jahrhundert (giftiges) Bleiweiß her, welches sie in die ganze Welt exportierte. Das Porträt des Firmengründers Johann Friedrich Schachtrupp hängt hier, und in der Stadt kann man sich die Wohnvilla und das Stadtpalais anschauen. Hier im Museum stehen überall Tabletts voller Gläser herum, die mit Trockentüchern bedeckt sind, damit von heute bis morgen kein Staub hereinfällt. Die Dame an der Kasse hatte schon vorgewarnt: Morgen findet hier im Museum eine Hochzeit statt, das Geschirr ist schon für die diversen Umtrünke der Hochzeitsgäste aufgebaut.

Ein Mammut und ein Theatertier: Sangerhausen

Auch die am östlichen Harzrand gelegene Stadt Sangerhausen ist eine durch und durch vom Bergbau geprägte Stadt. Rund 800 Jahre, bis 1990, baute man hier Kupferschiefer ab. Die steinernen Reste davon sind in Form der Spitzkegelhalde »Hohe Linde« zu sehen. Sie ist so etwas wie das Wahrzeichen der Stadt geworden. Schon von Weitem sieht man die regelmäßig geformte, 145 Meter hohe Abraumhalde. Zweimal im Jahr wird ihre Besteigung organisiert, das preist man als touristisches Highlight an. Wer in die örtliche Bergwerksgeschichte eintauchen möchte, dem sei das Schaubergwerk Röhrigschacht empfohlen. Ein intakter und kompakter Altstadtkern lädt zur Besichtigung ein. Fachwerk und andere Bauten vom 15. bis 18. Jahrhundert rund um Markt und Jacobikirche lassen die Stadtgeschichte lebendig werden: Patrizierhäuser, Neues und Altes Schloss, das sehr spitzgiebelige Rathaus und ein Stück Stadtmauer lohnen einen Besuch. Im

Spengler-Museum, benannt nach dem Tischlermeister, Sammler, Hobbyarchäologen und Heimatforscher Gustav Adolf Spengler, kann man das Skelett eines eiszeitlichen Altmammuts betrachten, das er in einer Kiesgrube bei Edersleben entdeckte und ausgrub. Er präparierte den Fund und stellte Teile davon in seinem Haus, das er zum Privatmuseum umfunktionierte, aus. Da das Haus aber zu klein für ein Mammut ist, konnte er es nie in voller Schönheit präsentieren. Man kann dieses eigenwillig vom Inhaber ausgestaltete Wohnhaus besichtigen, aber Obacht, es hat nur vier Stunden in der Woche, nämlich sonntags von dreizehn bis siebzehn Uhr, geöffnet. Spengler hätte wahrscheinlich seine reine Freude an der letzten großen archäologischen Sensation gehabt, die vor einigen Jahren im westlichen Harzvorland, am Harzhorn, entdeckt wurde. Die Archäologen entdeckten nämlich Hinweise auf ein Kampfgeschehen der Römerzeit. Die Fundstücke wie Pfeilspitzen, Pferdegeschirre, Wagenbruchstücke und Kettenhemdteile konnten in die Antike datiert werden, und zwar auf das 3. Jahrhundert nach Christus, was einer Erschütterung der Lehrmeinung gleichkam, weil bislang angenommen worden war, dass die letzte große Schlacht auf germanischem Boden die im Teutoburger Wald war. Nun aber gilt eine römisch-germanische Schlacht am Harzhorn als belegt, die bislang nur als Legende existiert hatte. Das Schlachtfeld kann man besichtigen, es liegt bei Seesen in Niedersachsen, im Kreis Northeim. Ich stelle mir vor, welche Hinterlassenschaften man von uns in 1700 Jahren in der Harzer Region ausgräbt: wasserdichte Multifunktionsschuhe, Nordic-Walking-Stöcke, Stempel mit Hexen, die Spekulationen über einen düsteren Kult in Gang setzen, und unter Betontrümmern Reste von Autohäusern und 1-Euro-Shops mit zähem Plasteplunder aus

China. Ob sich wohl auch engagierte Hobbyarchäologen finden, die die wundersamen Fundstücke in ihren Privathäusern ausstellen?

Im Spengler-Museum ist seit einigen Jahren auch eine Ausstellung über Einar Schleef eingerichtet. Für den Schriftsteller, Maler, Fotografen und Regisseur, der 1976 nach seiner Flucht in den Westen im bundesrepublikanischen Theaterbetrieb eine singuläre Erscheinung war, hat die Herkunft aus Sangerhausen in seinem Werk immer eine zentrale Rolle gespielt. Der 1944 in der Stadt geborene Autor begann schon früh mit tagebuchartigen Aufzeichnungen. Mit der Schilderung der Ereignisse des 17. Juni 1953 in Sangerhausen, gleichermaßen historische wie biografische Schlüsselstelle, beginnt das umfangreiche veröffentlichte Tagebuchwerk. Genauso wie in seinen Erzählungen und im zweibändigen Roman »Gertrud«, in dem eine Art literarische Rekonstruktion des Lebens seiner Mutter stattfindet, entsteht ein minutiöses Erinnerungswerk. Mit der Schleef eigenen Unmittelbarkeit wird der Leser hineingezogen in die Kindheit und Jugend in einer ostdeutschen Kleinstadt im Nachkriegsdeutschland. Er schildert eine kleinbürgerliche Lebenswelt zwischen Dürerhase und aus dem Bunker geklauten Handtüchern mit eingesticktem Hakenkreuz, die man zum Trocknen nicht raushängen konnte. Alles wird fassbar: der regionale Sprachgestus seiner Familie, der Nachbarn, die Zwistigkeiten mit Bekannten und Verwandten, der Mief der Bergarbeiterstadt, die Kämpfe mit dem Vater und die kleinen Fluchten des sich seiner selbst bewusst werdenden Künstlers. In dem Band »Zuhause« sind seine Fotos veröffentlicht, die er in den 1970er-Jahren in Sangerhausen machte, sie wirken wie ein Versuch, die Details und die Atmosphäre festzuhalten. Im Museum hängen einige

Abzüge davon. Man sieht die alten Klinkerbauten, das Kopfsteinpflaster und die Bewohner der Kleinstadt, die mit Kinderwagen, Kopftuch und Milchflasche unterm Arm ihren täglichen Besorgungen nachgehen. Außerdem sind einige von Schleefs Gemälden und Zeichnungen zu sehen, weitere Fotos aus seinem Leben und Textcollagen aus Schlagwörtern seiner Werke. 2001 starb der Autor in Berlin, sein Grab befindet sich in Sangerhausen.

Samson, Harzer Roller, Hillebille: St. Andreasberg

Der radikale Dichter, Denker und Wanderer Jürgen von der Wense war in der Mitte des letzten Jahrhunderts oft im Harz unterwegs. Über St. Andreasberg schreibt er die folgende Hymne: »St. Andreasberg ist von allen anderen Harzorten unterschieden durch das Heilige, Vergeistigte – wie es uns anweht auf diesen grünen weiten im Himmel schwebenden Matten – Linien in den blauen Äther gespannt – das Äußerste an Schönheit und Reinheit, was die Erde uns bietet.

So etwa der Galgenberg, auf den zu gehen mit wissendem Auge ein immer neues Erleben wird, von der steil absinkenden Stadt aufwärts an ärmlichen Holzhäusern vorbei, für die man doch alle Paläste auf Broadways hingäbe oder auf Boulevards, sie enden, duftige Wiesen empfangen uns, Leute mit Sensen oder mit den braunen, etwas kümmerlichen Ziegen, eine kleine Baumreihe zieht hinauf zu einem Rondell, jäher Sturz in die Tale, Blick auf die Wiesenbreite im Nordwesten mit den hängenden wie eingelegtes Holz markierten Feldern und Gärten, zurück auf die rotdachige braunhölzerne steile, unbequeme und armselige Stadt – wunderbar der rundkupplige Glockenberg und die Straße an seinem Hang mit Bäumchen – hier ist etwas zu letztem vollendeten Ausdruck gekommen, ganz schlicht und mit dem Spruch der Ewigkeit. Der ganze Harz ist vergessen vor diesem simplen und höchsten.« (Jürgen von der Wense: Wanderjahre. Matthes & Seitz. Berlin 2009, S. 184 f.) Puh, dass meine Erwartungen nicht hochgeschraubt sind, kann man also nicht sagen, als ich hierher fahre. Nun muss man bemerken, dass diese Äußerung in etwa in die späten 1940er-Jahre eingeordnet werden kann. Die heilige und vergeistigte Anmutung, die Wense noch erlebte, ist inzwischen ein kleines bisschen durch die Skiliftanlagen getrübt, wie ich finde. Aber St. Andreasberg liegt auf einer Hochebene, und allein diese Lage hat etwas Außergewöhnliches. Denn wenn man sich über die gewundenen Straßen hochgefahren hat, erwartet einen wirklich so etwas wie eine ruhige Abgeschiedenheit, die sonst schwerlich zu finden ist. Nur wenige 1960er- und 1970er-Jahre-Neubauten stören die Ordnung der Holzhäuschen, die früher den Bergarbeitern als Wohnungen dienten. Die meisten sind in frischen Farben gestrichen, jedenfalls wirken sie nicht mehr ärmlich. Die Häuschen stehen in Reih und Glied an den Straßen. Manche Straßen fallen enorm steil ab, und ja, es ist unbequem, zu Fuß in der Stadt herumzugehen. Die ungewöhnliche Lage und der Aufbau des Ortes verstärken nur den Eindruck einer Fremdheit, ein ähnliches Städtchen im Harz kenne ich nicht.

Hier befindet sich die Grube Samson, die ein Teil des UNESCO Weltkulturerbes Oberharzer Wasserwirtschaft ist. In der Grube wurde Silbererzbergbau betrieben, von 1521 bis zum Jahre 1910. Ein großer schwarzer, etwas windschiefer Bau, mit Holzschindeln verkleidet, beherbergt die oberirdischen Anlagen. Im höchsten Gebäudeteil, dem Gaipel genannten Schachtgebäude, steht noch das Fördergerüst für die Erztonne und die letzte originale, noch benutzbare, Fahrkunst der Welt. Der Schacht reicht 810 Meter tief in die Erde. Der Gaipelwärter hatte seine Wohnung direkt über der Schachtanlage. Heute befindet sich in der ehemaligen Wohnung das Harzer-Roller-Kanarienmuseum, und das ist kein kombiniertes Käse-Vogel-Museum. Vielleicht kann man den gefiederten Harzer Roller auch essen. Ich weiß es nicht. Jedenfalls dürfte es sich nicht lohnen, denn es ist kaum was dran. Der Harzer Roller, um den es hier geht, ist nämlich nicht aus Sauermilch gemacht, sondern ein kleiner gelber Vogel, den die Bergleute unter Tage mitnahmen, um eine Art Frühwarnsystem vor schlagenden Wettern und Sauerstoffmangel zu haben. Die Bergarbeiter konnten anhand von Verhaltensänderungen bei ihren Vögeln erkennen, wann es gefährlich wurde. Die Kanarienvögel wurden im 18. Jahrhundert von wandernden Bergarbeitern aus Tirol mit nach Deutschland gebracht. Wie der Name schon verrät, stammen die Tiere ursprünglich von den Kanarischen Inseln. In St. Andreasberg entwickelte sich rasch ein Zentrum für ihre Zucht. Der Verkauf konnte so lukrativ sein, dass die Bergbaufamilien nicht nur ein Zubrot hatten. Zur Hochzeit der Zucht, am Ende des 19. Jahrhunderts, gab es etliche hauptberufliche Züchter in dem kleinen Bergstädtchen. Als mir die Frau, bei der ich klingeln musste, weil ich die einzige Besucherin bin, das Gaipelhaus aufschließt und ich mit ihr die Stufen zum Kanarienvogelmuseum hinaufgehe, vernehme ich einen Geruch von Vogelsand und Hirsekolben. Und tatsächlich, jetzt höre ich auch Zwitschern: Es handelt sich um ein Museum mit lebenden Tieren. Die kleinen gelben Sänger sitzen in ihrer eigenen Geschichte. Auf drei Etagen sind Vogelbauer verschiedenster Größen, Materialien und Bauarten ausgestellt. Es gibt prunkvolle Vogelpaläste mit Giebeln und Türmchen aus Eisen und einfache hölzerne Bauer, Schaukästen, Gesangsregale und mannshohe Gebilde, zusammengesetzt aus Hunderten kleiner Käfige. So kamen die Vögel damals in die weite Welt. Die Vogelhändler trugen auf sogenannten Reffs bis zu 200 kleine Transportkäfige auf dem Rücken durch die Lande. Ein Exponat zeigt, wie es dann weiterging: Die Reffs wurden mit einer Plane überzogen, die Adresse draufgeklebt und von Hamburg aus nach New York verschifft. Bis nach Kanada und Australien fanden sich Abnehmer. Die Züchter, allen voran Wilhelm Trute, legten es darauf an, die besten Sänger unter den Vögeln herauszuzüchten, die durch ihre natürliche Anlage Geräusche nachahmen. Der rollende Gesang wurde zum namensgebenden Markenzeichen der Harzer Roller. Urkunden und Pokale wurden zusammengetragen, die Zeugnis von den Sängerwettstreiten abgeben. So wurde beispielsweise der Deutsche Meister unter den Gesangskanarien ermittelt. Der berühmteste Züchter dürfte dennoch ein anderer sein: Der in Clausthal geborene Nobelpreisträger und Tuberkuloseerregerentdecker Robert Koch soll in seiner Kindheit und Jugend dem verbreiteten Hobby gefrönt haben.

Auf schiefen Dielen kommt man in eine typische Harzer Bergmannsstube der Zeit. Im Winter war sie der einzige beheizte Raum, und so teilten sich Mensch und Vogel die gute Stube. In der obersten Etage sieht man eine kleine Werkstatt, in der in Heimarbeit von der ganzen Familie mitsamt den Kindern die vorgefertigten Teile für die rechteckigen Vuchelheisl (Vogelhäuschen) zusammengebaut wurden.

Der Name Harzer Roller für den kalorienarmen Sauermilchkäse hat sich zwar eingebürgert, ist aber eigentlich nicht korrekt. Klar ist, dass der Harzer Käse, der eben oft in Rollen- oder Stangenform angeboten wird, was zu der volkstümlichen Namensgebung führte, auch aus dem Harz stammt, aus der Gegend von Vienenburg und Bad Harzburg. Außerdem hat der Käse meiner Meinung nach einen klaren evolutionären Vorteil – Grund zur Annahme, dass sich der Roller-Name in Zukunft noch fester an das falsche Produkt heften wird. Man findet ihn nämlich im alltäglichen Leben in jedem Supermarktregal, was man von den Kanarienvögeln ja nicht behaupten kann.

Ein wenig abseits des Bergwerks, ungefähr einen halben Kilometer entfernt hinter einer Spitzkehre, befand sich die Erzwäsche der Grube Samson. Ich gehe hin, weil in dem Industriebau heutzutage das Nationalparkhaus untergebracht ist. Die Ausstellung wird gerade von einer Bande, äh, ich meine Schulklasse, gekapert, die sich ziemlich auffällig benimmt. Sie sind laut und lernunwillig, der Führer hat einen schweren Job und muss sich die Antworten auf seine Fragen selbst geben. Ein Schüler hat sich einen hölzernen Schlegel geschnappt und hämmert arhythmisch, aber laut auf zwei Bretter ein, die an einer Balkenkonstruktion hängen. Sie geben, trotz der martialischen Behandlung, erstaunlich klare Töne ab. Auf einem Schild lese ich, dass es sich hier um eine Hillebille handelt, eine Art Telefon der Köhler, damit sie sich über weite Distanzen verständigen konnten. Unbeeindruckt hält ein Uhu einen Baummarder in seinen Fängen. Auch Auerhuhn, Tannenhäher, Hermelin, Kernbeißer und Dachs stehen regungslos im Hillebille-Lärm. Kein Wunder, sie sind ja ausgestopft. In der Ausstellung gibt es noch ein Kino, in dem gerade ein Film über die Geschichte des Nationalparks läuft. Ich finde ihn eher langweilig und verlasse den Vorführraum, schließlich habe ich noch nicht alle Exponate gesehen. Zum Beispiel wird anhand eines anschaulichen Modells der Raubbau an der Natur durch die Bergwerke deutlich gemacht, leere Halden mit Baumstümpfen veranschaulichen den Kahlschlag der Buchenwälder. Man geht davon aus, dass der Bergbau an manchen Orten nicht durch die Erschöpfung der Erzadern zum Erliegen kam, sondern durch den Holzmangel. Wieder was gelernt. Bei einem kurzen Boxenstopp stelle ich fest, dass hier ganz ökologisch korrekt Umweltklopapier verwendet wird, das sich überhaupt nicht von der, früher vor allem von unserer Westverwandtschaft gefürchteten Ost-Sandpapier-Variante unterscheidet. Komisch, jetzt nehmen sie es freiwillig…

Durch eine Tür sehe ich in einen Raum, der, laut Ausschilderung, ein Lesecafé sein soll. Lesen kann ich, Kaffee trinken auch, mutig trete ich über die Schwelle. Das Café macht aber eher den Eindruck eines improvisierten Büros, sodass ich vom Kaffeetrinken absehe. Überall stehen Ordner in den Regalen, ein aufgeklappter Laptop auf dem Tisch, und zwei Ranger heulen sich gerade bei einer Tasse Kaffee aus. Offenbar war die vorhergehende Schulklasse auch schon ein Desaster. Und offenbar ist das nicht der erste Tag in ihrem Berufsleben, an dem sie das feststellen. Die unbelehrbare Jugend und das Lamento der Lehrer – dieses Schicksal zieht sich wohl durch die Jahrhunderte. Augen auf bei der Berufswahl!

Winter – Ski und Rodel gut: Schierke, Friedrichsbrunn, Braunlage

Fast alle Tiere sind weg, zumindest sieht man sie nicht mehr. Die Pflanzen ebenso, jedenfalls die am Boden, und die Laubbäume stehen kahl. Alles, auch die immergrünen Tannenbäume sind von einer dichten Schneedecke überzogen, an manchen Straßenrändern türmt sich der beiseite geräumte Schnee meterhoch. Eine Krähe badet im frisch gefallenen Weiß, sie wälzt sich wohlig darin, ihre Krähenfüße gen Himmel gestreckt. Ein paar Meisen machen sich am Meisenknödel zu schaffen. Man sollte einfach an den vielen Regen in den anderen Jahreszeiten denken und dann darauf gefasst sein, dass hier genauso viel Schnee fällt – oder auch mal ein Baum oder ein Fels. Besonders exponierte Wege im Hochharz werden dann gesperrt. Auch wenn wieder einmal ein Sturm über das Gebirge gezogen ist, lohnt es sich, sich vor der Anreise schlau zu machen. Das Unwetter muss ja nicht gleich die Ausmaße von Kyrill annehmen. Im Internet findet man die aktuellen Schneehöhen ebenso wie die gespurten Loipen, insgesamt sollen circa 500 Kilometer zur Verfügung stehen. An anderer Stelle werden einige Wege geräumt, damit auch das Winterwandern möglich ist. An die sollte sich auch der unbedarfte Wanderer halten. Als ich einmal aus Unkenntnis zu Fuß auf einer Loipe landete, lernte ich schnell, dass das absolut verpönt ist. Wer denkt, dass es auf deutschen Autobahnen aggressiv zugeht, stand vermutlich noch nie einer Gruppe ehrgeiziger Wochenendskilangläufer im Weg. Ich konnte mich in den Wald retten und bin knapp mit dem Leben davongekommen.

Ungefähr ab der Höhe Schierke (circa 650 Meter) gilt der Harz als schneesicher. Und so ist Schierke, im Tal der Kalten Bode gelegen, dann auch ein Wintersportzentrum. Auch für die Nichtskifahrer hat Schierke etwas zu bieten: den Brocken Coaster, eine zu jeder Jahreszeit funktionierende Rodelbahn auf Schienen, ähnlich der in Thale. Der Ort ist lang gezogen und in Unter- und Oberschierke aufgeteilt. Hier ist man ganz auf die Touristen eingestellt. Zur Gemeinde gehört auch der Brocken, auf den es viele der Gäste zieht, die hier ihren Urlaub verbringen. Zum Brocken fahren von hier auch Pferdekutschen, das ist etwas billiger als die Brockenbahn zu nehmen. Ganz umsonst geht es auch zu Fuß, immer die Brockenstraße entlang. Der hiesige Apotheker Willy Drube, der sein Geschäft »Zum Roten Fingerhut« nannte, ließ sich 1924 einen Kräuterlikör namens »Schierker Feuerstein« patentieren, eine Erfindung, die sich bis heute gut verkauft. Selbstverständlich waren es rein medizinische Erwägungen, die ihn zu seinem Produkt inspirierten. Die Indikation »bei Magenbeschwerden« ließ sich aber schnell erweitern. Bei

Langeweile, zum Après-Ski und bei Erkältung tut der Hochprozentige auch seine Dienste. Eine große Flasche des Getränks, nicht ganz so groß wie ihre Verwandten in Nordhausen, ist auf einen bemoosten Findling montiert und wirbt für den Genuss des heimischen Getränks. Geht man auf den Schierker Friedhof, findet man nicht nur Drubes Grab (er lebte von 1880 bis 1952), sondern auch den Gruß, der, gemeißelt in einem Buch aus poliertem Stein, sanft droht: »In dieser Erdengrube/ruht Apotheker Drube/Oh Wanderer eile fort von hier, sonst kommt er 'raus und trinkt mit Dir!« Natürlich ist beim Gang zu der nahe gelegenen und namensgebenden Feuersteinklippe unbedingte Nüchternheit anzuraten.

Westlich von Schierke liegen der Große und der Kleine Winterberg und hinter diesen der Wurmberg. Manchmal überschätzt man die Entfernungen, weil man noch die Mauer mitdenkt. Jedenfalls geht es den Älteren so. Es ist also nicht weit bis nach Braunlage. Das ist sozusagen das alpine Wintersportzentrum des Harzes. Der Wurmberg verfügt über steile Hänge und ist damit für Abfahrtsski geeignet. Es ist das bislang schon größte norddeutsche Skigebiet inklusive Seilbahn und Sprungschanze. Es gibt außerdem eine extra Piste für Snowboarder, eine Rodelbahn und unten in der Stadt ein Eislaufstadion. Hier auf dem Berg hatten die Amerikaner während des Kalten Krieges auch ihr Pendant zu den sowjetischen Spähanlagen aufgebaut. Von den Anlagen ist aber nichts mehr zu sehen.

Das Skigebiet wird jetzt auch noch größer. Acht Millionen Euro werden investiert, die den Ausbau betreibende GmbH wehrt sich schon im Vorfeld gegen die aufgekommenen Stimmen, man wolle eine Art norddeutschen Ballermann entwickeln. Vom Gipfel bis zum Kaffeehorst soll in den kalten Monaten jetzt immer Schnee liegen, neue Beschneiungsanlagen sollen dafür sorgen. Nicht alle sind einverstanden mit den Ausbauplänen, und so sorgte eine »Earth Liberation Front« für Schlagzeilen. Schweres Baugerät wurde beschädigt, und Protestparolen wurden gesprüht. Der Kaffeehorstkiosk ist eine Pauseninstitution für Wanderer und Skifahrer, aber noch toben die Schlachten um ihn. Die Stadt meinte, dass ein Abriss und Neubau wohl das geeignete Mittel der Modernisierung sei. Es wurde schon mal ein Pächter für den neuen Kiosk gesucht. Ob die Stadt oder die Gesellschaft, die den Ausbau des Wurmbergs betreibt, für den Neubau aufkommen soll, ist noch nicht entschieden. So lange kann man auch nicht mit dem Abriss beginnen. Eine weitere Kleinigkeit hatte man übersehen: Der alte Kiosk war noch auf zwei Jahre verpachtet. Rund um den Kaffeehorst liegt jetzt die aufgewühlte Erde, die Bagger stehen in habtacht.

Ich laufe ein wenig durch den Ort, viele schöne Holzhäuser stehen hier, von denen etliche als Ferienwohnungen ausgewiesen sind. Auf den Gehwegen schieben sich ein paar holländische Grüppchen durch, der Wurmberg ist für ihre Verhältnisse schließlich richtig hoch. Um einige Laternenpfähle sind eine Art kunterbunte Strickleibchen gezogen. Es handelt sich um die Zeichen der Guerilla-Stricker, ein Trend, der ursprünglich in London entstand und nun also seinen Weg in die niedersächsische Provinz gefunden hat. Manchmal stricken die Leute mit diesem Hobby für den Frieden, manchmal einfach nur, weil sie das Stadtbild verschönern wollen. Die Motivation der hiesigen Stricker erschließt sich mir leider nicht: Das kann unmöglich ein Beitrag zum Weltfrieden sein, und eine optische Aufbesserung kann ich ebenso wenig erkennen. An der Hauptstraße reihen sich Bäckereien, Konditoreien und Cafés aneinander. Einige Kneipen gibt es auch. Andere Geschäfte haben in ihren Schaufenstern große Schinkenstücke und Knacker liegen. Das sind aber nicht alles Fleischereien, es handelt sich eher um kombinierte Souvenirläden, die neben Schinken und Wurstkonserven aus Harzer Wild den üblichen Hexennippes anbieten. Direkt an der Straße liegt die Kirche. Ich besichtige den neugotischen Fachwerkbau, dessen Decke mit Holz verschalt ist. Überhaupt wirkt die Inneneinrichtung wie die einer Holzkirche, aber wenn man genauer hinsieht, kann man zwischen dem Fachwerk die Klinkerfüllungen ausmachen. Links vom Altar hat jemand eine Tafel angebracht, an die die Gläubigen kleine Zettel heften können. An die Tafel sind rote Pappbuchstaben gepinnt: »Danke, Gott.« Ein Block und ein Bleistift liegen bereit. »Danke Vater im Himmel; Du weißt wofür!!!«, schreibt Gudrun-Ute, Anonymus sagt: »Danke für Gesundheit und 63 Jahre ohne Krieg«, und eine Marie macht es kurz und umfassend: »Danke Herr für alles!«. Ich finde die Kirche hübsch, aber sie ist in keinem meiner Reiseführer beschrieben. Gerne möchte ich etwas Genaueres erfahren. Ein älterer Mann, der gerade einen Zettel aufhängen will, klärt mich auf: »Das ist die Mordkirche.« Er erzählt mir eine unglaubliche Geschichte von einer Küsterin, die sich nach langer Ehe von ihrem Mann scheiden lassen wollte, mit dem sie zehn Kinder hatte. Am Tag, als die Scheidung eingereicht wurde, hat der Mann den Gottesdienst abgewartet und hinterher seine Frau erschossen. Bei der Beseitigung der Leiche mussten ihm zwei seiner Kinder helfen. Der Mann hat noch versucht, die Tat auf den ältesten Sohn zu schieben, wurde aber schließlich zu »lebenslänglich« verurteilt. Was sich wie eine moderne Schauergeschichte anhört, sehe ich mir später im Internet genauer an. Es stellt sich

217 |

heraus, dass der Mann mir zumindest einen halben Bären aufgebunden hat. Alles ist genauso passiert, aber der Ort stimmt nicht, das Verbrechen fand in einer anderen Kirche in Braunlage statt, einem modernen Bau mit dreieckigem Portal. Die Kirche heißt »Zur Heiligen Familie«.

Wer es ruhiger mag – oder sagen wir, sehr ruhig –, ist in Friedrichsbrunn gut aufgehoben. Hier finden vor allem die Langläufer gute Bedingungen vor. Der Ort liegt südlich von Thale am Südwesthang des Rambergmassivs. Im Grunde besteht der Ort aus einer einzigen lang gezogenen Durchfahrtsstraße, an der rechts und links die Wohnhäuser der tausend Einwohner sowie einige Hotels, Pensionen und Ferienwohnungen liegen, die Sommerfrischler und Wintersportler beherbergen. Die unmittelbare Umgebung besteht aus einer Ebene mit leicht hügeligen Wiesen, ringsum sind Wälder. Wie der Ortsname schon nahelegt, geht die Gründung auf Friedrich II. von Preußen zurück, der hier ab 1773 ein paar seiner Untertanen ansiedelte. Doch die Verdienstmöglichkeiten als Steinhauer, Köhler und Holzfäller waren so schlecht, dass die fünfzig Familien ein kärgliches Dasein fristeten. Die Rettung kam erst rund hundert Jahre später. Man machte es sich zunutze, dass Weihnachtsbäume in Mode kamen, und belieferte die großen Städte damit. Außerdem gelang es, aus dem heimischen Holz so etwas wie einen Markenartikel herzustellen: Friedrichsbrunner Spazierstöcke waren um 1900 ein Begriff in ganz Deutschland. Zu DDR-Zeiten war hier ein Austragungsort für die Meisterschaften in den nordischen Disziplinen, einige Relikte davon kann man in dem kleinen Ski- und Heimatmuseum bestaunen. Aber nicht nur das: Im örtlichen Skiverleih gibt es tatsächlich noch die alten Germina-Skier und die dazu passenden Lederschuhe für wenig Geld zu leihen. Mit diesem Equipment kann man sich dann beispielsweise in die Ramberg- oder die Sonnenloipe begeben. Sie beginnen unmittelbar in Friedrichsbrunn.

Und wem es hier zu ruhig ist, und wer in der Weihnachtszeit hier Urlaub macht, dem sei ein Abstecher nach Quedlinburg empfohlen. Die gesamte Altstadt ist dann weihnachtlich geschmückt, und der »Advent in den Höfen« öffnet dem Besucher auch Plätze, die er sonst nicht zu sehen bekommt.

Bereits erschienen:

Gebrauchsanweisung für ...

Alaska
von Dirk Rohrbach

Amerika
von Paul Watzlawick

Amsterdam
von Siggi Weidemann

Andalusien
von Paul Ingendaay

Argentinien
von Christian Thiele

das Baltikum
von Sabine Herre

Barcelona
von Merten Worthmann

Bayern
von Bruno Jonas

Berlin
von Jakob Hein

Brasilien
von Peter Burghardt

die Bretagne
von Jochen Schmidt

Brüssel und Flandern
von Siggi Weidemann

Budapest und Ungarn
von Viktor Iro

Burgenland
**von Andreas Weinek
und Martin Weinek**

Burma / Myanmar
von Martin Schacht

China
von Kai Strittmatter

Deutschland
von Wolfgang Koydl

Dresden
von Christine von Brühl

Düsseldorf
von Harald Hordych

die Eifel
von Jacques Berndorf

das Elsaß
von Rainer Stephan

England
von Heinz Ohff

Finnland
von Roman Schatz

Frankfurt am Main
von Constanze Kleis

Frankreich
von Johannes Willms

den Gardasee
von Rainer Stephan

Griechenland
von Martin Pristl

Hamburg
von Stefan Beuse

den Harz
von Jana Thiele

Indien
von Ilija Trojanow

Irland
von Ralf Sotscheck

Island
von Kristof Magnusson

01/0009/12/R

Istanbul
von Kai Strittmatter

Italien
von Henning Klüver

Japan
von Andreas Neuenkirchen

Kalifornien
von Heinrich Wefing

Kapstadt und Südafrika
von Elke Naters und Sven Lager

Katalonien
von Michael Ebmeyer

Kathmandu und Nepal
von Christian Kracht
und Eckhart Nickel

Köln
von Reinhold Neven Du Mont

Korsika
von Jenny Hoch

Kroatien
von Jagoda Marinić

Leipzig
von Bernd-Lutz Lange

London
von Ronald Reng

Los Angeles
von Rainer Strecker

Mallorca
von Wolfram Bickerich

Mecklenburg-
Vorpommern und
die Ostseebäder
von Ariane Grundies

Moskau
von Matthias Schepp

München
von Thomas Grasberger

das Münchner
Oktoberfest
von Bruno Jonas

Münster und
das Münsterland
von Jürgen Kehrer

Neapel und die
Amalfi-Küste
von Maria Carmen Morese

Neuseeland
von Joscha Remus

New York
von Verena Lueken

Niederbayern
von Teja Fiedler

Nizza und
die Côte d'Azur
von Jens Rosteck

Norwegen
von Ebba D. Drolshagen

Österreich
von Heinrich Steinfest

Paris
von Stephen Clarke

Peking und Shanghai
von Adrian Geiges

Polen
von Radek Knapp

Portugal
von Eckhart Nickel

01/0010/12/L

Potsdam und
Brandenburg
von Antje Rávic Strubel

Rom
von Birgit Schönau

Rügen und Hiddensee
von Holger Teschke

das Ruhrgebiet
von Peter Erik Hillenbach

Rumänien
von Jochen Schmidt

Salzburg und
das Salzburger Land
von Adrian Seidelbast

Sardinien
von Henning Klüver

Schottland
von Heinz Ohff

Schwaben
von Anton Hunger

den Schwarzwald
von Jens Schäfer

Schweden
von Antje Rávic Strubel

die Schweiz
von Thomas Küng

Sizilien
von Constanze Neumann

Spanien
von Paul Ingendaay

Stuttgart
von Elisabeth Kabatek

Südfrankreich
von Birgit Vanderbeke

Südtirol
von Reinhold Messner

Sylt
von Silke von Bremen

Thailand
von Martin Schacht

Tibet
von Uli Franz

die Toskana
von Barbara Bronnen

Tschechien und Prag
von Jiří Gruša

die Türkei
von Iris Alanyali

Umbrien
von Patricia Clough

die USA
von Adriano Sack

den Vatikan
von Rainer Stephan

Venedig mit Palladio und
den Brenta-Villen
von Dorette Deutsch

Vietnam, Laos
und Kambodscha
von Benjamin Prüfer

Washington
**von Tom Buhrow
und Sabine Stamer**

die Welt
von Andreas Altmann

Wien
von Monika Czernin

01/0011/12/R

PIPER

Bernd-Lutz Lange
Gebrauchsanweisung für Leipzig

192 Seiten. Gebunden

Bernd-Lutz Langes Bühnenprogramme und Erinnerungsbücher sind legendär. Jetzt zeigt er uns sein Leipzig, die Messemetropole mit ihrer Kunstszene, dem Thomanerchor und dem Gewandhaus, den Passagen und Märkten. Er blickt auf seine Stadt, in der die Menschen freiheitsliebend und liberal sind. Er flaniert zu Auerbachs Keller, durch das Barfußgässchen, die Ausgehmeile, und wundert sich wieder mal über den Bahnhof, der längst mehr Shoppingcenter als Knotenpunkt ist. Er fragt, was aus dem ehemals reichen Leipzig geworden ist und was aus dem jüdischen Leben in der Stadt. Wie viel von der Buchstadt übrig geblieben ist. Er streift durch das Umland mit Weißer Elster und Cospudener See und porträtiert seine Heimat als Paradies für Paddler und Pedalritter. Und als Symbol für Völkerschlacht und friedliche Revolution.

01/1764/01/L